Deutsch kompetent 9

Schulaufgabentrainer

Erarbeitet von:
Hanna Brocks-Steidl, Gauting
Peter Günzel, Kirchheim
Sandra Rollmann, Würzburg
Guido Wojaczek, Bamberg

Herausgegeben von:
Peter Günzel, Kirchheim

Ernst Klett Verlag
Stuttgart · Leipzig · Dortmund

Bildquellennachweis
23 stock.adobe.com, Dublin; Robert Kneschke; **36** Horváth & Partners; ID 443614 © Statista GmbH; **37** iStockphoto, Calgary, Alberta; code6d; **41** game; ID 589661 © Statista GmbH, Hamburg; **42** Getty Images, München; FilmMagic / Suzi Pratt; **54** DHBW Ravensburg; ID 270606 © Statista, Hamburg; **63** Vodafone Stiftung Deutschland (Hrsg.), Engagiert, aber allein © Vodafone Stiftung Deutschland, Oktober 2018
Illustrationen: Inge Voets, Berlin

Textquellennachweis
6.f. Sarah Bergmann: Der Junge aus dem Trümmerland. Magellan Verlag, Bamberg 2020; **18.f.** Wolfgang Borchert: Das Gesamtwerk. Rowohlt, Reinbek b. Hamburg 1949, S. 216-219; **22** Pflichtjahr für Sozialverband keine Lösungsansatz in der Pflege. (23.08.2018) Unter: https://www.aerzteblatt.de/treffer?mode=s&wo=19&typ=1&nid=97349&s=Pflege (Zugriff 09.03.2021, gek.); **23.3** Multimedia Starke Vorbehalte in der Union gegen allgemeines Dienstjahr Gegenwind für AKK (28.11.2019) © dpa Deutsche Presse-Agentur; **23.4** „Keine Zeit für Menschlichkeit". Dokumentation v. Kai Biermann. (27.02.2018) Unter: https://www.zeit.de/arbeit/2018-02/pflege-krankenhaus-arbeit-stress-mangel?utm_referrer=https%3A%2F%2Fwww.google.com%2F(Zugriff 09.03.2021, gek.); **23.5** Oliver Gehrs, Kersten Augustin: Das (un)freiwillige soziale Jahr. (20.10.2018) Unter: https://www.fluter.de/pro-contra-fsj (Zugriff 09.03.2021, gek.); **24** Zustimmung für die Einführung verschiedener „Dienstpflicht"-Modelle. (14.08.2018) Unter: https://www.appinio.com/de/blog/politische-wehrpflicht-debatte (Zugriff 09.03.2021, gek.); Art. 12 Grundgesetz (GG). Unter: https://www.gesetze-im-internet.de/gg/art_12.html (Zugriff 09.03.2021, gek.); **36.2** Wolfgang Rudschies: Pro & Contra: Fakten zur Elektromobilität. (15.05.2020) Unter: https://www.adac.de/rund-ums-fahrzeug/elektromobilitaet/info/elektroauto-pro-und-contra/ (Zugriff 09.03.2021, gek.); **37.3** Sven Christian Schulz: Elektroautos. Wie stark belasten die Batterien die E-Auto-Ökobilanz? (11.08.2020) Unter: https://utopia.de/ratgeber/elektroauto-batterie-lithium-cobalt-akku/#google_vignette (Zugriff 16.03.2021, gek.); **37.4** Elektromobilitätsgesetz (EmoG), Auszug. Unter: https://www.gesetze-im-internet.de/emog/EmoG.pdf (Zugriff 09.03.2021, gek.); **37.5** Elektroautos: Vor- und Nachteile. Unter: https://www.clickclickdrive.de/blog/elektroautos-vor-und-nachteile/#2_Steuerbeguenstigungen (Zugriff 09.03.2021, gek.); **40** Was ist eSport? Unter: https://esportbund.de/esport/was-ist-esport/ (Zugriff 08.03.2021, gek.); **41** Christian Mittweg: Das Leben eines deutschen eSportlers: 16 Stunden Training am Tag – ein eSport-Profi berichtet. (15.07.2017) Unter: https://www.kicker.de/16-stunden-training-am-tag---ein-esport-profi-berichtet-701734/artikel (Zugriff 08.03.2021, gek.); **52** Volker Johanning: Autonomes Fahren. Alles zur Zukunft der Mobilität. (21.12.2020) Unter: https://www.computerwoche.de/a/alles-zur-zukunft-der-mobilitaet,3549675 (Zugriff 08.03.2021, gek.); **53** Hannah Fuchs: Autonome Autos: Wie weit sind wir? (08.01.2020) Unter: https://www.dw.com/de/autonome-autos-wie-weit-sind-wir/a-51928247 (Zugriff 23.03.2021, gek.); **55.f.** Der Mensch im automatisierten Fahrzeug. Digitale Ethik im Alltag. Unter: https://www.lpb-bw.de/autonomes-fahren#c40188 (Zugriff 08.03.2021, gek.); **59.1** Volker Johanning: Autonomes Fahren. Alles zur Zukunft der Mobilität. (21.12.2020) Unter: https://www.computerwoche.de/a/alles-zur-zukunft-der-mobilitaet,3549675 (Zugriff 08.03.2021, gek.); **59.2** Autonomes Fahren: VW schickt computergesteuerte Autos auf Testfahrt durch Hamburg. (03.04.2019) Unter: https://www.zeit.de/mobilitaet/2019-04/vw-autonomes-fahren-elektroautos-hamburg-testfahrt (Zugriff 08.03.2021, gek.); 60 Der Mensch im automatisierten Fahrzeug. Digitale Ethik im Alltag. Unter: https://www.lpb-bw.de/autonomes-fahren#c40188 (Zugriff 08.03.2021, gek.); 62.1 Was sind Fake News? (12.07.2017) Unter: https://www.bpb.de/252386/was-sind-fake-news (Zugriff 08.03.2021, gek.); 62.2 Manfred Götzke: Digitale Analphabeten. Warum Schüler in Deutschland auf Fake News hereinfallen. (16.02.2020) Unter: https://www.deutschlandfunk.de/digitale-analphabeten-warum-schueler-in-deutschland-auf.724.de.html?dram:article_id=469899 (Zugriff 08.03.2021, gek.); 64 Fake News. Unter: https://www.klicksafe.de/themen/problematische-inhalte/fake-news (Zugriff 08.03.2021, gek.)

1. Auflage 1 5 4 3 2 1 | 25 24 23 22 21

Alle Drucke dieser Auflage sind unverändert und können im Unterricht nebeneinander verwendet werden.
Die letzte Zahl bezeichnet das Jahr des Druckes.

Herausgeber: Dr. Peter Günzel, Kirchheim
Autorinnen und Autoren: Hanna Brocks-Steidl, Gauting; Peter Günzel, Kirchheim; Sandra Rollmann, Würzburg; Guido Wojaczek, Bamberg
Externe Redaktion: Janina Resky-Lampe, Leuna

Entstanden in Zusammenarbeit mit dem Projektteam des Verlages.

Gestaltung: Petra Michel, Gestaltung & Typografie, Amberg
Titelbild: iStockphoto (santypan), Calgary, Alberta
Satz: PER MEDIEN & MARKETING GmbH, Braunschweig
Druck: Gebr. Geiselberger GmbH, Altötting

Printed in Germany
ISBN 978-3-12-316169-8

9 783123 161698

Inhalt

1 Zu literarischen Texten schreiben: die erweiterte Inhaltsangabe

Basiswissen

Eine erweiterte Inhaltsangabe verfassen

Was ist eine erweiterte Inhaltsangabe?

Eine **erweiterte Inhaltsangabe** erfüllt **zwei Funktionen**: Zum einen **informiert** sie die Leserschaft über einen literarischen Text (z. B. Romanausschnitt, Kurzgeschichte, Erzählung), zum anderen wird ein **Gestaltungsmerkmal des Textes** (Erzählweise, Zeitgestaltung, sprachliche Besonderheiten, Figurencharakteristik) herausgearbeitet. Daher ist es wichtig, bei der Textzusammenfassung die Leser/-innen über die **Handlung** bzw. den **Inhalt** zu informieren, wobei du dich hier auf das Wesentliche konzentrieren solltest. Konkreter wird die Erweiterungsaufgabe bearbeitet. Hier musst du den Text genau nach vorgegebenen **Analysekriterien** untersuchen. Wichtig ist hier vor allem, dass alle Aussagen am Text belegt werden.

Was musst du wissen?

Daran musst du denken, wenn du eine erweiterte Inhaltsangabe schreibst:

1. Deine Textzusammenfassung ist eine **gekürzte Version** des zu untersuchenden Textes. Bei der Kürzung dürfen aber wichtige Handlungsschritte und Motive nicht verloren gehen.
2. **Verzichte** bei der Darstellung auf **wörtliche Rede**.
3. Verwende einen **sachlichen, nüchternen Schreibstil**. Spannung und Emotionen musst du vermeiden.
4. Stelle einen **Zusammenhang zwischen der inneren und äußeren Handlung** her. Dies gelingt dir, wenn du mit treffenden Satzverbindungen arbeitest.
5. Schreibe deinen Aufsatz im **Präsens** (Vorzeitigkeit: Perfekt).
6. Untersuche die zu charakterisierende Figur nach **verschiedenen Gesichtspunkten** (z. B. Aussehen, Lebensumstände, Verhältnis zu Mitmenschen, Handlungsmotive). Finde Gründe für das Verhalten der Figur.
7. Finde heraus, um welchen **Erzähler** es sich in dem Textausschnitt der Geschichte handelt. Welchen Blickwinkel nimmt der Erzähler ein?
8. Untersuche den Text: Wird die Geschichte **chronologisch** erzählt oder gibt es Rückblicke bzw. Vorausdeutungen?
9. Analysiere die **sprachlichen Besonderheiten** des Textes. Neben dem Satzbau und der Wortwahl musst du hier auch auf rhetorische Mittel und ihre Wirkung achten.

Regeln für richtiges Zitieren findest du auf Seite 12 und 33.

Alle Untersuchungsergebnisse müssen am Text belegt werden.

Wie gehst du vor?

Berücksichtige beim Verfassen folgendes Grundmuster in der Struktur:

- **Einleitung** bestehend aus Autor(in), Titel, Textart, wenn vorhanden: Erscheinungsjahr, Erscheinungsort, Kernaussage/Thema des Textausschnitts
- **Hauptteil**
  - 1. Inhaltsangabe: in richtiger Reihenfolge, ggf. zeitlich geordnet (chronologische Wiedergabe)
  - 2. Erweiterungsaufgabe: ein Aspekt des Textes wird näher untersucht bzw. analysiert, z. B. Figurencharakteristik, Erzählweise und Zeitgestaltung, sprachliche Besonderheiten
- **Schluss**
  - Rückgriff auf die Kernaussage
  - Bewertung des Verhaltens der charakterisierten Figur
  - Aktualitätsbezug

1. Vorbereiten und Planen

- Lies den Text am besten drei Mal:
  - Beim ersten Mal achtest du auf die **W-Fragen**.
  - Beim zweiten Mal solltest du **wichtige Textstellen markieren**. Verwende verschiedene Farben, z. B. für die Handlung und für die Erweiterungsfrage.
  - Beim dritten Mal achtest du vor allem auf die **Textstellen, die du noch nicht verstanden hast**.
- Berücksichtige, welche (symbolische) **Bedeutung die Überschrift** in Bezug auf den Text hat.
- Gliedere den Text nach **Handlungsschritten**. Um einen neuen Abschnitt zu erkennen, achte auf den Beginn einer neuen Handlung, das Hinzutreten einer weiteren Figur, den Beginn/ das Ende eines Gesprächs oder einen Ortswechsel.
- Markiere den **Wendepunkt** der Geschichte.
- Setze **äußere** und **innere Handlung in Bezug** zueinander. Beachte dabei Folgendes: Zur äußeren Handlung gehört alles, was die Figuren sagen und tun bzw. was geschieht. Die innere Handlung umfasst alle Gedanken und Gefühle der Figuren.
- Halte die Ergebnisse für die Erweiterungsfrage in **Stichpunkten** oder in einer **Mindmap** fest.

2. Schreiben

- Formuliere zuerst den **Basissatz**, der auch die Kernaussage enthält in maximal zwei Sätzen.
- Verfasse jetzt die **Textzusammenfassung**. Achte dabei auf eine klare Darstellung sowie eine sachliche Sprache.
- Formuliere die **Erweiterungsfrage** aus. Vergiss dabei nicht, deine Thesen am Text zu belegen.
- Formuliere einen **Schlusssatz**.

3. Überarbeiten

Zum Schluss überprüfst du deine erweiterte Inhaltsangabe. Lies sie erneut durch und achte darauf, ob deine Sätze schlüssig und nachvollziehbar sind. Überprüfe außerdem die **Rechtschreibung**, **Zeichensetzung** und **Grammatik**.

1.1 Eine erweiterte Inhaltsangabe verfassen

1.1.1 Immer gut vorbereitet – eine erweiterte Inhaltsangabe vorbereiten

1. Lies den Anfang des Auszugs aus einem Roman aufmerksam durch.
- Erfasse dabei die Situation genau.
- Markiere beim erneuten Lesen zentrale Stellen der Handlung. Nutze unterschiedliche Farben für die handelnden Personen, getrennt nach äußerer Handlung und innerer Handlung.

Sarah Bergmann: Der Junge aus dem Trümmerland (2020) (Kapitel „Die Rose“: Geburtstag der Mutter)

Der 13-jährige Paul lebt zusammen mit seiner Mutter im vom Krieg zerstörten Berlin. Hunger und Not prägen den Alltag, da der Vater im Krieg verschollen ist und es nicht genug Nahrungsmittel für die Bevölkerung gibt. Zusammen mit seinen Freunden erlebt Paul Abenteuer in den Trümmern der Stadt und ist erfolgreich, auf dem Schwarzmarkt Lebensmittel zu organisieren. Paul ist fest davon überzeugt, dass sein Vater zurückkommt, im Gegensatz zu seiner Mutter, die einen Mann kennengelernt hat: Bill, ein afroamerikanischer Besatzungssoldat. Um seiner Mutter zum Geburtstag eine Freude zu machen, hat er auf dem Schwarzmarkt ein Geschenk organisiert.

Paul schloss die Wohnungstür auf. Seine Mutter kam ihm entgegen. Sie hatte ein luftiges hellblaues Kleid an, wirkte erhitzt und strahlte über beide Wangen, als sie ihn sah.
Paul straffte sich und hielt seiner Mutter feierlich die Rose entgegen. „Alles Gute zu deinem Geburtstag, Mutti!“
Gerührt nahm seine Mutter die Rose in Empfang. Sie roch daran und betrachtete die Blüte von allen Seiten. „Die ist ja wunderschön!“, sagte sie versonnen. „Wo haste die denn aufgetrieben?“
Paul lehnte sich gegen den Türrahmen. „Hab ich organisiert“, sagte er mit weltmännischer Lässigkeit. „Hat mich jede Menge Geld und Schnaps gekostet.“ Seine Mutter gab ihm einen Kuss auf die Stirn. „Ich danke dir, Pauleken, für dein tolles Geschenk!“
Paul räusperte sich. Er war sehr stolz.
„Lass uns Kuchen essen.“
Paul folgte seiner Mutter in die Küche. Von dort kam die Musik, Bill musste einen Plattenspieler mitgebracht haben. Paul gab sich extra Mühe, nicht im Takt der Musik zu gehen. Am Esstisch saß der Ami. Sichtlich gut gelaunt säbelte er ein Stück von einem Kuchen ab. Als er Paul erblickte, grinste er.
„Hallo, Paul!“
Bill hatte sich bemüht, Pauls Namen Deutsch auszusprechen, aber es war ihm eher schlecht gelungen. Wie zur Entschuldigung schob er ein besonders breites Grinsen hinterher, sodass Paul auf jede Menge weißer Zähne und viel rosiges Zahnfleisch blicken musste.
Anstelle eines Grußes zog Paul nur die Nase kraus.
„Du auch willst Kuchen, Buddy?“
„Käsekuchen mit Zitronenglasur. Äußerst lecker“, ergänzte die Mutter.
Die Zitronenglasur glänzte in einem unnatürlich kräftigen Gelb. „Sieht giftig aus“, sagte Paul.

Die Mutter lachte. „Die Amerikaner mögen es bunt“, erklärte sie.
Als der Ami ihm ein Stück unter die Nase hielt, roch es so appetitlich, dass Paul hineinbiss. Schnell schlang er einen Bissen hinunter und dann noch einen.
Sein Blick fiel auf die Fensterbank. Dort stand ein üppiger Strauß aus dunkelroten Rosen. Paul schnappte nach Luft. Dabei verschluckte er sich am Kuchen und musste husten. Kleine Kuchenkrümel regneten auf den Boden.
Pauls Mutter war seinem Blick gefolgt. „Guck mal“, sprach sie hastig. „Guck mal, wie schön! Deine Rose passt hervorragend zu Bills Rosen dazu!“ Pauls Mutter nahm seine Rose und steckte sie einfach in den Strauß. Sie passte in der Tat so perfekt, dass sie von Bills Rosen nicht mehr zu unterscheiden war.

In Paul breitete sich ein Gefühl aus, das gar nicht zu beschreiben war. Es enthielt Wut und Enttäuschung und – der Geier mochte wissen, was noch. Auf jeden Fall war es zu groß für seinen schmalen Körper, es blähte seinen Bauch, schwoll in seiner Kehle und wollte heraus. Paul öffnete den Mund. Doch dann schloss er ihn wieder, unfähig, etwas zu sagen.
Die Mutter musste an seinem Gesichtsausdruck erkannt haben, dass ihre Aktion alles andere als glücklich gewesen war. Verlegen stand sie in der Küche, rieb den Stoff ihres Kleides zwischen den Fingern und schien fieberhaft zu überlegen, wie sie die Situation retten konnte.
Paul wandte sich von ihr ab und stopfte wie wild Kuchen in sich hinein. Wenn er sich vollfraß, musste das quälende Gefühl ja wohl oder übel aus ihm weichen.
Aus dem Augenwinkel sah Paul, wie der Ami aufstand und seiner Mutter den Arm um die Hüften legte.
„Nicht“, wehrte die Mutter ab. Bill lachte leise, kreiste die Hüften, nahm die Hand der Mutter und deutete Tanzbewegungen an. „Johanna, dein Sohn ist nicht doof“, sagte er. „Er wissen, wir sind Paar.“
Paul ließ seinen Blick schnell über das Gesicht der Mutter gleiten. Er hoffte darin irgendetwas zu lesen, was Bills Aussage widersprach. […] Doch schon während er seinen Blick auf die Mutter richtete, wusste er, dass er dieses Blitzen nicht finden würde. […]
Der Plattenspieler ließ ein neues Lied erklingen. […] „Hey“, rief Bill euphorisch, „diese Song wir müssen spielen auf unsere Hochzeit!“
Paul erstarrte. Als hätte der Blitz in seinen Schädel eingeschlagen und alle Funktionen lahmgelegt. Jetzt war es an Pauls Mutter, den Mund wie ein Karpfen auf- und wieder zuzumachen. „Paul“, fing sie hilflos an. „Also, wir … ich also, ja …“
Paul vernichtete seine Mutter mit seinem Blick. […] Wie in Trance nahm er wahr, dass der Ami zwei Tafeln Schokolade aus seinem Rucksack zog. „Für dich. Deine Lieblingsschokolade.“ Bill hielt Paul die Schokolade hin. Er lächelte gewinnend. Paul starrte abwechselnd auf Bill und auf die Schokolade. Dann schlug er sie Bill mit voller Wucht aus der Hand. Verdutzt sah Bill die Mutter an.
„Wie konntest du so damit rausplatzen?“, fuhr die Mutter ihn an. Dann streckte sie den Arm hilflos Richtung Paul aus. Paul wich ihr aus und ging zur Tür. Verräterin, Verräterin, Verräterin, hämmerte es in seinem Kopf. Er konnte seine Mutter nicht einmal ansehen. Mit weichen Knien verließ Paul die Küche und stieß die Tür hinter sich zu.

2. Beschreibe in maximal drei Sätzen die Situation, in der sich die Szene abspielt.

3. Verschaffe dir einen Überblick über die Handlung.
- Gliedere dazu den Text in Sinnabschnitte.
- Ergänze die Tabelle.
- Du kannst dich an den Handlungsorten orientieren, aber auch an den Gesprächsthemen.

Zeilenangabe	Inhalt	Pauls Gefühle
Abschnitt 1: Zeile 1–11	Paul gratuliert seiner Mutter im Flur zum Geburtstag und überreicht ihr sein Geschenk.	
Abschnitt 2: Zeile …		
Abschnitt 3: Zeile …		
Abschnitt 4: Zeile …		
…		

4. Paul erlebt in dieser Szene ein Wechselbad der Gefühle. Ergänze nun deine Tabelle und überlege, wodurch die Emotion ausgelöst wurde.

5. Formuliere mit eigenen Worten, warum die Gesprächssituation in der Küche zunehmend schlechter wird.

6. Erkläre, was Paul damit meint, als er seine Mutter am Ende der Episode als „Verräterin" (Zeile 77) beschimpft.

7. Sammle die notwendigen Informationen, die du für den Basissatz einer Inhaltsangabe benötigst, und formuliere eine Kernaussage.

Für den Basissatz in der Einleitung benutzt du die TATT-Formel.

Titel des Textes (in Anführungszeichen), Erscheinungsjahr:

Autor(in):

Textart:

Thema (Kernaussage):

1.1.2 Jetzt bist du dran – eine erweiterte Inhaltsangabe schreiben und über ausgewählte Aspekte der Gestaltung informieren

1. Formuliere auf der Grundlage deiner bisherigen Ergebnisse die Inhaltsangabe (inklusive Basissatz) aus. Arbeite auf einem Extrablatt.

Schreibtipp

Figurencharakterisierung

Bei einer Figurencharakterisierung informierst du neben den äußeren Merkmalen einer Figur **auch über deren Eigenschaften und Verhaltensweisen**. Dabei musst du auch auf die jeweilige Situation (den Konflikt) achten, die (der) den Text(ausschnitt) prägt.

2. Vervollständige die Grafik und gib dabei an, in welcher Beziehung die Figuren zueinanderstehen. Wähle dazu die Begriffe aus dem Wortspeicher aus.

ablehnend | eifersüchtig | freundschaftlich | fürsorglich | konkurrierend
unterlegen | verliebt | kameradschaftlich | verständnisvoll | vertraut

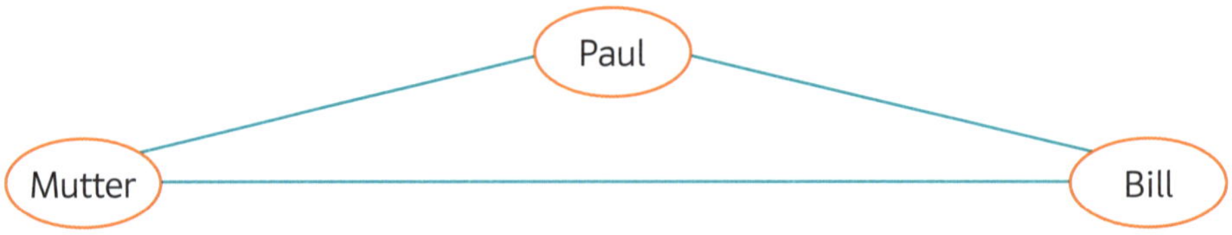

3. Finde Textbelege, mit denen du deine Auswahl bestätigen kannst. Notiere sie in Stichpunkten und mit der Zeilenangabe.

4. Charakterisiere in maximal drei Sätzen die Hauptfigur Paul.

5. Ergänze zunächst das Schema. Vergleiche anschließend mit deinem Banknachbarn oder dem Lösungsheft.

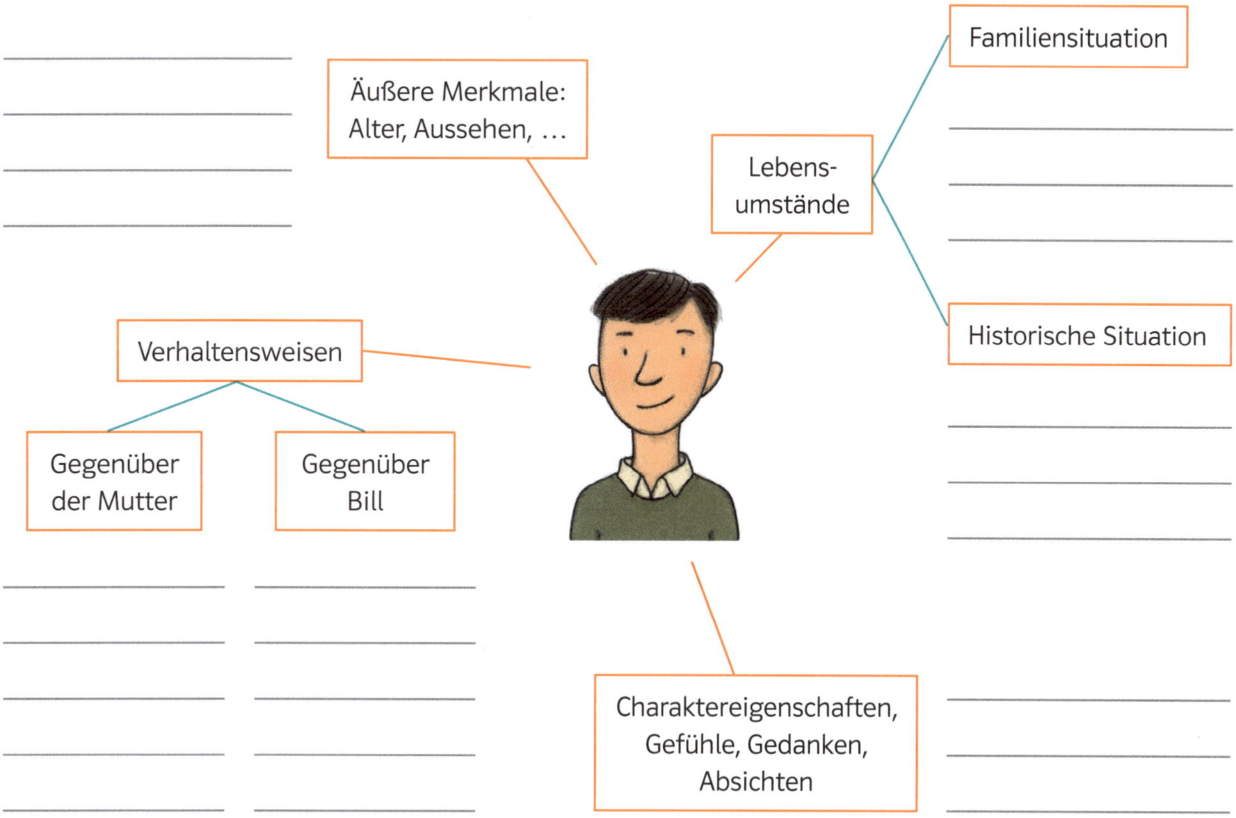

6. Ermittle aus deinen bisherigen Ergebnissen, welche weiteren Eigenschaften Pauls du daraus ableiten kannst. Erstelle einen Wortspeicher zu den Punkten aus dem Schema.

– Äußere Merkmale (Alter, Aussehen …)

gepflegt,

– Verhaltensweisen:

–

–

–

–

–

7. Suche geeignete Textbelege (Zitate), um deine Aussagen über Paul zu stützen. Achte darauf, beim Zitieren unterschiedliche Möglichkeiten zu verwenden. Welche du nutzen solltest, steht in blau darunter.

Die Mutter ist „gerührt" (Z. 5), dass Paul ihr zu ihrem Geburtstag eine Rose organisiert hat.

→ *unverändertes Zitat*

Sie betont ausdrücklich, wie sehr ihr Pauls Rose gefällt. („Die ist ja wunderschön.", Z. 6)

→ *unverändert in runden Klammern*

Die Mutter fordert Paul dazu auf, ein Stück vom Geburtstagskuchen zu versuchen (Z. 12).

→ *indirekte Wiedergabe einer wörtlichen Rede*

Von Bills überraschender Ankündigung der bevorstehenden geplanten Hochzeit ist sie zunächst völlig überrumpelt und sprachlos (Z. 71 f.).

→ *Paraphrase*

In einem „luftige[n] hellblauen[n] Kleid" (Z. 1 f.) begrüßt die Mutter ihren Sohn.

→ *verändert in eckigen Klammern in den eigenen Satz einfügen*

„Verlegen stand sie in der Küche […] und schien zu überlegen". (Z. 56 f.)

→ *Zitate sinnvoll durch drei Punkte in eckigen Klammern kürzen*

Arbeitstechnik

Bestimmen der Erzählweise

Erzählform: Ich-Form oder Er-/Sie-Form

Erzählperspektive:
- *Innensicht*: Du erfährst etwas über die **Gefühle** und **Gedanken** von einer Figur oder mehreren Figuren.
- *Außensicht:* Du erfährst nur das, was die Figuren **hören** oder **sehen**.

Erzählverhalten:
- *Auktorialer Erzähler*: Ist **umfassend** über die Handlung und die Figuren **informiert** (weiß alles, sieht alles). Er kann das Verhalten der handelnden Figuren kommentieren und bewerten.
- *Personaler Erzähler*: Der Erzähler ist **Teil der Handlung**. Er nimmt den Blickwinkel einer Figur ein. Er kann nicht in die Köpfe der anderen Figuren schauen. Dadurch entsteht eine **subjektive Sichtweise**.
- *Neutraler Erzähler*: Der Erzähler wahrt eine gewisse **Distanz zum Geschehen** und ist für die Leserschaft fast nicht greifbar. Er tritt hinter dem Geschehen zurück.

8. **Untersuche die erzählerische Gestaltung des Romanausschnitts. Ergänze dazu zunächst die aufgeführten Punkte. Begründe deine Entscheidung in Stichpunkten.**

Erzählform: ____________________

____

Erzählperspektive: ____________________

____

____

Erzählverhalten: ____________________

____

____

Arbeitstechnik

Bestimmen der Sprechformen

In epischen Texten unterscheidet man im Wesentlichen zwei unterschiedliche Sprechsituationen:

Figurenrede: Die Figurenrede umfasst **alle direkten Redebeiträge** der handelnden Figuren. Dazu gehört auch, was eine Figur denkt. Man unterscheidet zwischen direkter und indirekter Rede, Gedankenrede, innerem Monolog und dem Bewusstseinsstrom.

Erzählbericht: Der Erzählbericht umfasst alle anderen Textbestandteile, die **nicht durch die handelnden Figuren** getätigt werden. Dabei unterscheidet man zwischen folgenden Formen:
a) *Beschreibungen*: Der Erzähler beschreibt Personen, Sachverhalte, Konflikte usw. Während der Erzähler beschreibt, vergeht keine Zeit in der Handlung.
b) *Bericht:* Der Erzähler führt in die Handlung (oder in eine Teilhandlung) ein. Dabei vermittelt er die Grundstimmung sowie die Ausgangssituation.
c) *Erörterung*: Der Erzähler kommentiert und bewertet das Geschehen.

9. Untersuche den Romanauszug hinsichtlich der Sprachformen. Folgende Orientierungsfragen können dir dabei helfen:

- Welche Textteile stehen in der Figurenrede, welche im Erzählbericht? Markiere diese im Text auf den Seiten 6–7 mit verschiedenen Farben.
- Notiere hier Besonderheiten, die dir aufgefallen sind.

____

____

____

____

- Was erfährt die Leserschaft in den Teilen mit Erzählbericht über die folgenden Personen?

Paul: ______________________________

____

Pauls Mutter: ______________________________

____

Bill: ______________________________

____

10. Bestimme die Wirkung bzw. den Effekt, der durch die Erzählweise erzielt wird.

____

____

____

____

____

____

Arbeitstechnik

Zeitgestaltung untersuchen

Als Erzählzeit bezeichnet man **die Zeit**, die die Leserin/der Leser benötigt, **um einen epischen Text zu lesen oder zu erzählen**. Diese darf nicht mit der erzählten Zeit verwechselt werden. Die erzählte Zeit ist die Zeit, über die sich die Handlung erstreckt.

Für epische Texte ergeben sich daraus folgende Möglichkeiten:
Zeitraffung: Die Dauer des Lesens ist im Vergleich zur Dauer der erzählten Handlung **sehr kurz**. Es kann beispielsweise in nur einer Stunde Lesezeit über mehrere Monate oder Jahre Lebenszeit einer handelnden Figur berichtet werden.
Zeitdeckung: Erzählzeit und erzählte Zeit decken sich/sind **in etwa gleich lang**.
Zeitdehnung: Die **Dauer des Lesens** ist im Vergleich zur Dauer des Ereignisses **länger**. Hier wird eine bestimmte Situation ausgedehnt erzählt und damit besonders betont.

11. Bestimme die Zeitgestaltung im Romanauszug. Begründe deine Entscheidung.

___

___

___

___

Arbeitstechnik

Die sprachliche Gestaltung untersuchen

Damit man einen Prosatext bzw. einen Roman besser versteht, sollte man die **sprachlich-stilistischen Mittel** untersuchen. Dabei geht es um die Analyse der **Wortwahl**, des **Satzbaus** sowie um die **Verwendung rhetorischer Mittel** und **bildhafter** oder **anschaulicher Ausdrücke**.
Die sprachlich-stilistischen Mittel sollten nicht nur benannt und aufgelistet, sondern auf ihre Wirkung hin untersucht werden.

12. Betrachte die Wortwahl. Wie sprechen die Figuren? Welchen Sprachstil verwendet der Erzähler?

___

___

___

___

___

13. Bestimme folgende Stilmittel.

„Dabei verschluckte er sich am Kuchen. Kleine Kuchenkrümel regneten auf den Boden.“

Stilmittel:

___

„… es blähte seinen Bauch, schwoll in seiner Kehle und wollte heraus.“

Stilmittel:

___

„Als hätte der Blitz eingeschlagen und alle Funktionen lahmgelegt.“

Stilmittel 1:

___

Stilmittel 2:

___

„Wie in Trance nahm er wahr.“

Stilmittel:

___

14. Beschreibe die Wirkung, die durch die sprachlichen Mittel erzielt wird.

15. Untersuche, wie Bill aufgrund seiner Äußerungen auf die Leserinnen und Leser wirkt.

Sprachliche Mittel dienen auch dazu, dass sich die Leserin/der Leser ein Bild von einer Figur machen kann.

16. Wähle einen der folgenden Schlussteile für den Aufsatz. Für welchen würdest du dich entscheiden? Begründe deine Meinung.

Text A

Wenn ein neuer Partner ins Leben eines Elternteils tritt, ist es für Kinder nicht immer leicht, diesen sofort zu akzeptieren. Manchmal reagieren sie mit Wut und Aggression – so wie Paul im Romanausschnitt.

Text B

Ich finde, dass sich Paul richtig verhalten hat. Es ist ja auch eine Frechheit, dass sich Bill einfach so in das Leben von Paul und seiner Mutter drängt. Ich hätte seine Schokolade auch nicht akzeptiert!

17. Wie beurteilst du das Verhalten der Erwachsenen? Formuliere einen eigenen Schlussgedanken.

1.1.3 Zuletzt kommt der Feinschliff – eine erweiterte Inhaltsangabe überarbeiten

1. Überarbeite deine Inhaltsangabe. Erweitere diese um einen der folgenden Punkte aus der Erweiterungsaufgabe:
   - Figurencharakteristik
   - Erzählweise und Zeitgestaltung
   - Sprachliche Besonderheiten

2. Überprüfe jetzt deinen Text mithilfe der Checkliste.

Checkliste

Checkliste zum Überarbeiten einer erweiterten Inhaltsangabe

	Ja	Nein
Einleitung		
✔ Enthält der Einleitungssatz Autor(in), Titel (in Anführungszeichen), Textsorte, Erscheinungsjahr?	☐	☐
✔ Erfasst der Einleitungssatz das Thema bzw. die Kernaussage des Textes?	☐	☐
Hauptteil		
✔ Sind die Handlungsschritte chronologisch zusammengefasst?	☐	☐
✔ Ist es gelungen, die Handlung verkürzt, aber dennoch vollständig wiederzugeben?	☐	☐
✔ Berücksichtigt die Inhaltsangabe alle notwendigen Handlungszusammenhänge (Ursachen, Folgen, Motive, Konflikte usw.)?	☐	☐
✔ Falls vorhanden: Wird der Höhe- bzw. Wendepunkt erfasst?	☐	☐
Im Erweiterungsteil		
✔ Werden alle Aussagen über den Text durch geeignete Textstellen untermauert?	☐	☐
✔ Werden die Besonderheiten des Textes auch im Hinblick auf ihre Wirkung untersucht?	☐	☐
Schluss		
✔ Ist eine Schlussvariante (Stellungnahme zum Aussagegehalt/zur Bedeutung der Geschichte/zum Verhalten der Figuren) vorhanden?	☐	☐
Sprache		
✔ Ist die Inhaltsangabe sachlich geschrieben?	☐	☐
✔ Wurde der Aufsatz im Präsens (Vorzeitigkeit: Perfekt) formuliert?	☐	☐
✔ Wird der Text mit eigenen Worten wiedergegeben?	☐	☐
✔ Wurden nur wichtige Redepassagen in der indirekten Rede wiedergegeben?	☐	☐
✔ Werden verschiedene Zitiermöglichkeiten verwendet?	☐	☐
✔ Wurden die Regeln der Rechtschreibung, Zeichensetzung und Grammatik richtig angewendet?	☐	☐

3. Lies dir jetzt den Aufsatz im Lösungsteil dieses Heftes durch. Vergleiche ihn mit deiner Fassung. Überarbeite ihn gegebenenfalls.

1.1.4 Endspurt auf der Zielgeraden – in Bestform für die Schulaufgabe

Wenn du den Schulaufgabentrainer bis hierhin durchgearbeitet hast, ist schon ein großer Schritt in Richtung gelungener Schulaufgabe getan. Die folgende Aufgabe bietet dir nun die Möglichkeit, das Gelernte abschließend zu üben. Diese Aufgabenstellung ist in einer Schulaufgabe denkbar.

Lies die folgende Kurzgeschichte. Verfasse dazu eine vollständige Inhaltsangabe (inklusive Basissatz). Wähle anschließend **eine** der folgenden Erweiterungsaufgaben aus und formuliere einen Schluss.
- Charakterisiere den kleinen Jungen Jürgen.
- Beschreibe ausgewählte Mittel der sprachlichen Gestaltung. Achte dabei auf die Symbolik der Farben.
- Informiere die Leserschaft über die Erzählweise sowie die Zeitgestaltung.

Für alle Erweiterungsaufgaben gilt: Belege deine Aussagen stets mithilfe geeigneter Textbelege.

Wolfgang Borchert (1921–1947) prägte wie kaum ein anderer Schriftsteller die deutsche Nachkriegszeit. In seinen Werken thematisiert er häufig die Auswirkungen des Krieges auf den Alltag der Menschen im Nachkriegsdeutschland. Not, Elend, aber auch einzelne Hoffnungsschimmer werden in seinen Kurzgeschichten anschaulich zum Ausdruck gebracht.

Wolfgang Borchert: Nachts schlafen die Ratten doch (1947)

Das hohle Fenster in der vereinsamten Mauer gähnte blaurot voll früher Abendsonne. Staubgewölke flimmerte zwischen den steilgereckten Schornsteinresten. Die Schuttwüste döste.

Er hatte die Augen zu. Mit einmal wurde es noch dunkler. Er merkte, dass jemand gekommen war und nun vor ihm stand, dunkel, leise. Jetzt haben sie mich!, dachte er. Aber als er ein bisschen blinzelte, sah er nur zwei etwas ärmlich behoste Beine. Die standen ziemlich krumm vor ihm, dass er zwischen ihnen hindurchsehen konnte. Er riskierte ein kleines Geblinzel an den Hosenbeinen hoch und erkannte einen älteren Mann. Der hatte ein Messer und einen Korb in der Hand. Und etwas Erde an den Fingerspitzen.

Du schläfst hier wohl, was?, fragte der Mann und sah von oben auf das Haargestrüpp herunter. Jürgen blinzelte zwischen den Beinen des Mannes hindurch in die Sonne und sagte: Nein, ich schlafe nicht. Ich muss hier aufpassen. Der Mann nickte: So, dafür hast du wohl den großen Stock da?

Ja, antwortete Jürgen mutig und hielt den Stock fest.

Worauf passt du denn auf?

Das kann ich nicht sagen. Er hielt die Hände fest um den Stock. Wohl auf Geld, was? Der Mann setzte den Korb ab und wischte das Messer an seinem Hosenboden hin und her. Nein, auf Geld überhaupt nicht, sagte Jürgen verächtlich. Auf ganz etwas anderes.

Na, was denn?

Ich kann es nicht sagen. Was anderes eben.

Na, denn nicht. Dann sage ich dir natürlich auch nicht, was ich hier im Korb habe. Der Mann stieß mit dem Fuß an den Korb und klappte das Messer zu.

Pah, kann ich mir denken, was in dem Korb ist, meinte Jürgen geringschätzig, Kaninchenfutter.

Donnerwetter, ja!, sagte der Mann verwundert, bist ja ein fixer Kerl. Wie alt bist du denn?

Neun.

Oha, denk mal an, neun also. Dann weißt du ja auch, wie viel drei mal neun sind, wie?

Klar, sagte Jürgen und um Zeit zu gewinnen, sagte er noch: Das ist ja ganz leicht. Und er sah durch die Beine des Mannes hindurch. Dreimal neun, nicht?, fragte er noch mal, siebenundzwanzig, Das wusste ich gleich.

Stimmt, sagte der Mann, genau so viel Kaninchen habe ich.

Jürgen machte einen runden Mund: Siebenundzwanzig?

Du kannst sie sehen. Viele sind noch ganz jung. Willst du?

Ich kann doch nicht. Ich muss doch aufpassen, sagte Jürgen unsicher.

Immerzu?, fragte der Mann, nachts auch?

Nachts auch. Immerzu. Immer. Jürgen sah an den krummen Beinen hoch. Seit Sonnabend schon, flüsterte er.

Aber gehst du denn gar nicht nach Hause? Du musst doch essen.

Jürgen hob einen Stein hoch. Da lag ein halbes Brot. Und eine Blechschachtel.

Du rauchst?, fragte der Mann, hast du denn eine Pfeife?

Jürgen fasste seinen Stock fest an und sagte zaghaft: ich drehe. Pfeife mag ich nicht. Schade, der Mann bückte sich zu seinem Korb, die Kaninchen hättest du ruhig mal ansehen können. Vor allem die jungen. Vielleicht hättest du dir eines ausgesucht. Aber du kannst hier ja nicht weg.

Nein, sagte Jürgen traurig, nein nein.
Der Mann nahm den Korb und richtete sich auf. Na ja, wenn du hierbleiben musst – schade. Und er drehte sich um. Wenn du mich nicht verrätst, sagte Jürgen da schnell, es ist wegen den Ratten.
Die krummen Beine kamen einen Schritt zurück: Wegen den Ratten?
Ja, die essen doch von Toten. Von Menschen. Da leben sie doch von.
Wer sagt das?
Unser Lehrer.
Und du passt nun auf die Ratten auf?, fragte der Mann.
Auf die doch nicht! Und dann sagte er ganz leise: Mein Bruder, der liegt nämlich da unten. Da. Jürgen zeigte mit dem Stock auf die zusammengesackten Mauern. Unser Haus kriegte eine Bombe. Mit einmal war das Licht weg im Keller. Und er auch. Wir haben noch gerufen. Er war viel kleiner als ich. Erst vier. Er muss hier ja noch sein. Er ist doch viel kleiner als ich.
Der Mann sah von oben auf das Haargestrüpp. Aber dann sagte er plötzlich: Ja, hat euer Lehrer euch denn nicht gesagt, dass die Ratten nachts schlafen?
Nein, flüsterte Jürgen und sah mit einmal ganz müde aus, das hat er nicht gesagt.
Na, sagte der Mann, das ist aber ein Lehrer, wenn er das nicht mal weiß. Nachts schlafen die Ratten doch. Nachts kannst du ruhig nach Hause gehen. Nachts schlafen sie immer. Wenn es dunkel wird, schon.
Jürgen machte mit seinem Stock kleine Kuhlen in den Schutt. Lauter kleine Betten sind das, dachte er, alles kleine Betten. Da sagte der Mann (und seine krummen Beine waren ganz unruhig dabei): Weißt du was? Jetzt füttere ich schnell meine Kaninchen, und wenn es dunkel wird, hole ich dich ab. Vielleicht kann ich eins mitbringen. Ein kleines oder, was meinst du?
Jürgen machte kleine Kuhlen in den Schutt. Lauter kleine Kaninchen. Weiße, graue, weißgraue. Ich weiß nicht, sagte er leise und sah auf die krummen Beine, wenn sie wirklich nachts schlafen.
Der Mann stieg über die Mauerreste weg auf die Straße. Natürlich, sagte er von da, euer Lehrer soll einpacken, wenn er das nicht mal weiß.
Da stand Jürgen auf und fragte: Wenn ich eins kriegen kann? Ein weißes vielleicht?
Ich will mal versuchen, rief der Mann schon im Weggehen, aber du musst hier solange warten. Ich gehe dann mit dir nach Hause, weißt du? Ich muss deinem Vater doch sagen, wie so ein Kaninchenstall gebaut wird. Denn das müsst ihr ja wissen.
Ja, rief Jürgen, ich warte. Ich muss ja noch aufpassen, bis es dunkel wird. Ich warte bestimmt. Und er rief: Wir haben auch noch Bretter zu Hause. Kistenbretter, rief er.
Aber das hörte der Mann schon nicht mehr. Er lief mit seinen krummen Beinen auf die Sonne zu. Die war schon rot vom Abend und Jürgen konnte sehen, wie sie durch die Beine hindurchschien, so krumm waren sie. Und der Korb schwenkte aufgeregt hin und her. Kaninchenfutter war da drin. Grünes Kaninchenfutter, das war etwas grau vom Schutt.

2 Dialektische argumentierende Texte auf Materialbasis verfassen

Basiswissen

Eine antithetische Erörterung auf Materialbasis verfassen

Was ist eine antithetische Erörterung?

In einer **antithetischen Erörterung,** auch **dialektische Erörterung** genannt, setzt du dich mit einem meist strittigen Thema oder einer Fragestellung in Pro- und Kontra-Argumenten auseinander und leitest daraus begründet deinen eigenen Standpunkt ab. Dazu benutzt du Argumente und Gegenargumente zu diesem Thema. In der Regel verfolgt eine antithetische Erörterung zwei Ziele: In der These und Gegenthese wird die Leserin/der Leser über ein bestimmtes Thema informiert. Die Gegenthese muss deine Meinung darstellen, von der du dann die Leserschaft überzeugen möchtest.

Was musst du wissen?

1 Eine antithetische Erörterung hat einen bestimmten Aufbau. Sie besteht aus einer **Einleitung**, dem **Hauptteil** und dem **Schluss**. Im Hauptteil sind These und Gegenthese enthalten. Diese sind mit einer Überleitung verbunden. Die Argumentation ist wie eine **Sanduhr** aufgebaut.

- Die **Einleitung** führt zum Thema hin und weckt das Interesse der Leserschaft (z.B. durch Verweisen auf Aktualität, Einordnen in Problemzusammenhänge).
- Im **ersten Teil der Sanduhr** steht das stärkste Argument für die Gegenthese, also die Position, die du nicht vertrittst, dann folgen weitere Argumente, Argumentationsstützen und das schwächste Argument der Gegenthese.
- Im **zweiten Teil der Sanduhr** stehen die Argumente, **die die eigene Position stützen.** Hierbei bringst du zuerst das schwächste Argument vor und dann das stärkste.
- Der **Drehpunkt** zwischen dem ersten und zweiten Teil der Sanduhr, also der Übergang zwischen Gegenthese und These wird durch eine passende Überleitung verdeutlicht. Fasse die bisherigen Argumente zusammen, indem du einen wichtigen Aspekt herausgreifst, und wecke Neugier auf deine eigene Position.

2 Am **Schluss** wird deutlich gemacht, welcher Meinung du bist, oder ein Kompromiss geschaffen. Dabei greifst du die Argumentation aus der Gegenthese auf und unterstützt die zuletzt genannten Argumente oder forderst auch zum Handeln auf, je nach Aufgabenstellung und Ziel des Textes. Passe die **Sprache der Zielgruppe** an.

3 Die **Argumente** der These und Gegenthese sind immer gleich aufgebaut. Sie bestehen aus einer **Behauptung**, einer **Begründung** und einem **Beleg**.

4 Damit die Argumentation in sich schlüssig ist, musst du dir bereits am Anfang im Klaren darüber sein, welches **Ziel** du mit deiner Argumentation verfolgst. Dieses gibt häufig die Aufgabenstellung vor.

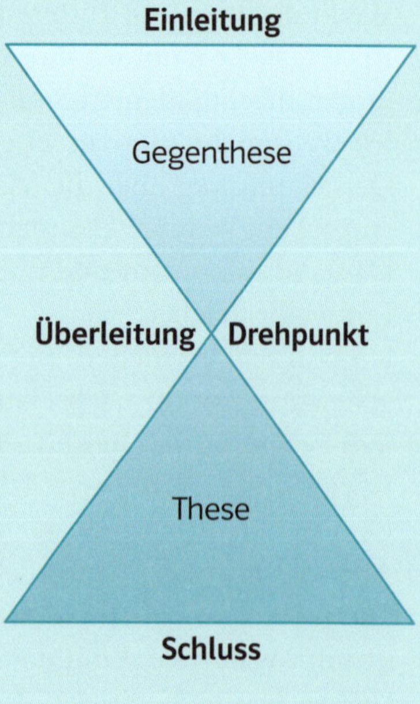

Wie gehst du vor?

Wie bei jeder anderen Aufsatzart musst du auch hier die drei grundlegenden Schritte beachten:

1. Vorbereiten und Planen

- Lies die gegebenen Materialien genau und überlege, welches **Ziel** du mit der Argumentation verfolgen willst und was deine **eigene Meinung** ist. Setze dich mit den gegebenen Materialien intensiv auseinander, damit du auch die Gegenposition gut kennst.
- Sammle **Pro- und Kontra-Argumente**, indem du die Materialien analysierst, und entscheide, welche davon dein Ziel unterstützen. Formuliere auf der Grundlage deiner Stoffsammlung Argumente, um die These zu bekräftigen oder zu entkräften. Suche Belege, Beispiele und Zitate, die die Argumente verdeutlichen, absichern oder veranschaulichen.
- Bringe die **Argumente** in die **richtige Reihenfolge** und erstelle damit eine Gliederung. Beachte dabei den absteigenden Aufbau der Argumente in der Gegenthese und den steigernden Aufbau der Argumente in der These. Die These ist der Standpunkt, den du vertrittst.

2. Schreiben

- Schreibe anschließend die Erörterung mit **Einleitung**, **Hauptteil** und **Schluss**. Halte dich an deine Gliederung. Stelle die Argumente der Gegenposition und die der eigenen Position gegenüber. Baue die Argumente aus. Das zuletzt genannte Argument bleibt am besten im Gedächtnis der Leserschaft. Deshalb musst du hier das stärkste Argument anbringen.
- Denke an eine **abwechslungsreiche Sprache** und nutze sinnvolle Übergänge mit entsprechenden **Konjunktionen**. Vermeide „und dann …" oder „und dann noch …"
- Die Aufgaben sind immer in einen Kontext eingebettet. Beachte bei der Sprache den gegebenen Kontext und die **Adressaten**. Wähle also eine passende Sprachebene.
- Der **Schluss** führt keine neuen Aspekte mehr ein. Hier kannst du einen Ausblick schaffen oder du greifst auf die Einleitung zurück.

3. Überarbeiten

- Überprüfe die **Logik deiner Erörterung** und stelle dir dabei folgende Fragen:
  - Passt das Fazit zu den Argumenten der Gegenthese?
  - Sind die Argumente im ersten Teil vom stärksten zum schwächsten und im zweiten Teil vom schwächsten zum stärksten aufgebaut?
- Überprüfe insbesondere die **sprachlichen Verknüpfungen** zwischen den einzelnen Sätzen und den Absätzen.
  - Sind diese abwechslungsreich?
  - Gibt es fließende Übergänge zwischen den Absätzen?
- Gibt es einen fließenden Übergang zwischen den Argumenten der Gegenthese und der These?
- Überprüfe **Rechtschreibung und Grammatik** mithilfe eines Wörterbuchs oder der Korrekturhilfe eines Textverarbeitungsprogramms.

2.1 Eine antithetische Erörterung auf Materialbasis verfassen

2.1.1 Immer gut vorbereitet – eine antithetische Erörterung vorbereiten

Das St.-Maria-Gymnasium in Prien hat vor einigen Jahren für die 9. Klassen das Berufspraktikum eingeführt, das viele deiner Mitschülerinnen und Mitschüler im sozialen Bereich machen sollten. In der 11. Klasse ist jeder verpflichtet, ein Sozialpraktikum im Rahmen der Berufsorientierung der Oberstufe zu absolvieren. Auch sonst ist die Schule für ihr soziales Engagement vor Ort bekannt. So unterstützen z. B. Schülerinnen und Schüler aus den Jahrgangsstufen 9 bis 12 Migrationskinder bei den Hausaufgaben oder sind Patenschaften mit Schülerinnen und Schülern des Behindertenwerks vor Ort eingegangen. Auf dem Schulfest wird jährlich Geld für unterschiedliche gemeinnützige Zwecke gesammelt. Nun soll endlich ein eigenes Buch über die zahlreichen Aktivitäten der Schule im sozialen Bereich herausgegeben werden. Das Buch soll online und auf dem kommenden Sommerfest verkauft werden. Dabei geht es nicht nur um den sozialen Einsatz während der Schulzeit. Das Werk soll auch unterschiedliche Aspekte des sozialen Engagements in der Gesellschaft beleuchten und gegebenenfalls auch kritisieren. Du hast die Aufgabe bekommen, eine Erörterung zu einer möglichen Einführung eines verpflichtenden sozialen Jahres nach dem Abitur bzw. der Ausbildung zu schreiben.

Aufgabenstellung:
Schreibe einen Artikel, der Pro- und Kontra-Argumente zum Thema „Verpflichtendes soziales Jahr für alle nach der Schule" aufführt. Stelle am Ende deines Aufsatzes eine klare Empfehlung aufgrund deiner persönlichen Meinung dar. Der Artikel soll für deine Mitschülerinnen und Mitschüler, aber auch für Erwachsene gleichermaßen interessant sein und könnte auch für das anstehende Betriebspraktikum in der 9. Klasse eine Richtungsweisung sein.

1. Benenne das Ziel, das du mit der Erörterung verfolgst.

Ziel der Erörterung ist es, ______________________________

____

Um eine Meinung oder die eigene Position mit stichhaltigen Argumenten vertreten zu können, musst du dich gut über den Sachverhalt informieren. Dabei helfen dir Texte, Bilder, Filme oder Diagramme und Statistiken.

2. Lies die folgenden Materialien aufmerksam durch und betrachte das Bild sowie die Statistik genau. Kennzeichne für die Aufgabenstellung wichtige Stellen in den Texten bereits beim ersten Lesen mit einem Textmarker.

Material 1

Pflichtjahr für Sozialverband kein Lösungsanstz in der Pflege

Osnabrück – Der Sozialverband VdK hat sich gegen eine soziale Dienstpflicht nach dem Vorschlag von CDU-Generalsekretärin Annegret Kramp-Karrenbauer ausgesprochen. VdK-Präsidentin Verena Bentele plädierte in der Neuen Osnabrücker Zeitung stattdessen für eine Stärkung der Freiwilligendienste wie dem freiwilligen sozialen Jahr und dem Bundesfreiwilligendienst.

Bentele warnte, „dass der Fachkräftemangel in der Pflege durch ein verpflichtendes soziales Jahr gelöst wird", werde nicht funktionieren. Gesellschaftliches Engagement sei eine Zeit der Persönlichkeitsentwicklung und des Lernens. „In dieser Zeit wird man keine ausgebildete Fachkraft."

Material 2

Freiwillige kümmern sich um Menschen im Altersheim

Material 3

Starke Vorbehalte in der Union gegen allgemeines Dienstjahr – Gegenwind für AKK

Berlin (dpa) – CDU-Chefin Annegret Kramp-Karrenbauer stößt mit ihrer Vorstellung eines verpflichtenden Dienstjahres für junge Frauen und Männer auf Vorbehalte auch in den Reihen von CDU und CSU.

Nach einem Werkstattgespräch der CDU am Donnerstag in der Parteizentrale in Berlin zu einer allgemeinen Dienstpflicht sagten mehrere Teilnehmer, sie hätten bewusst offengelassen, ob ein solches Dienstjahr verpflichtend oder freiwillig sein solle. Auch bei der CSU stößt eine allgemeine Dienstpflicht für Schulabgänger auf Ablehnung.

Vor allem verfassungsrechtliche Bedenken werden gegen eine Verpflichtung zu einem Dienstjahr für Schulabgänger in einem gesellschaftlich relevanten, gemeinnützigen Bereich ins Feld geführt. Kramp-Karrenbauer hat dabei neben der Bundeswehr auch den Pflegebereich oder die Feuerwehr im Blick. Eine solche Dienstpflicht wäre nicht ohne Grundgesetzänderung möglich. Und die dafür nötige Zwei-Drittel-Mehrheit ist derzeit weder im Bundestag noch im Bundesrat absehbar, argumentierten mehrere Teilnehmer des Werkstattgesprächs.

Kramp-Karrenbauer ließ erkennen, dass sie einem Pflichtjahr den Vorzug geben würde. Sie sagte aber auch, man solle sich jetzt nicht an der Frage verpflichtend oder freiwillig festbeißen. Aus ihrer Sicht spreche für ein verpflichtendes Jahr, dass man bei Freiwilligkeit verschiedene gesellschaftliche Gruppen nicht erreichen könne. „Das ist ein Potenzial, das wir liegen lassen." Im Übrigen sollten nicht nur junge Menschen die Möglichkeit eines solchen Dienstjahres bekommen, sondern auch ältere, die gerade aus dem aktiven Arbeitsleben in die Ruhephase hinein gehen. […]

Material 4

Umfrage aus der Wochenzeitung „Die Zeit" zur Pflegesituation im Krankenhaus. Hier spricht eine Krankenschwester über ihre Erfahrungen:

„Die Unterversorgung der Patienten, gerade derer, die wenig Besuch erhalten – ohne Vorwürfe, die meisten Angehörigen müssen arbeiten. Hier hat man keine Minute übrig, um mal Zeit mit [den Patienten] zu verbringen."

Material 5

Das (un)freiwillige soziale Jahr

[…] Die Idee eines Pflichtjahres hat fragwürdige Vorbilder. Bereits unter den Nazis gab es den „Reichsarbeitsdienst", den alle Deutschen, ob Frau oder Mann, abzuleisten hatten. […]

Material 6

Veröffentlichung: 14. August 2018

Alle Deutschen haben das Recht, Beruf, Arbeitsplatz und Ausbildungsstätte frei zu wählen …
Niemand darf zu einer bestimmten Arbeit gezwungen werden, außer im Rahmen einer herkömmlichen allgemeinen, für alle gleichen öffentlichen Dienstleistungspflicht …
Zwangsarbeit ist nur bei einer gerichtlich angeordneten Freiheitsentziehung zulässig.
Art. 12 GG

Zustimmung der jungen Deutschen für die Einführung verschiedener „Dienstpflicht"-Modelle:

29 % Wehrdienst/Zivildienst NUR für Männer	**44 %** Wehrdienst/Zivildienst für Männer UND Frauen	**45 %** Verpflichtendes soziales Jahr

3. Schreibe stichpunktartig auf, welche Inhalte zum Thema des Buchbeitrags „Verpflichtendes soziales Jahr" durch die Materialien vermittelt werden.

Material 1

____

____

Material 2

____

____

Material 3

____

____

Material 4

____

____

Material 5

____

____

Material 6

____

____

4. Entscheide dich jetzt, welche Meinung du in dem Buch vertreten möchtest:

Für oder **gegen** ein verpflichtendes soziales Engagement?

Ich möchte ______________________________ ein verpflichtendes soziales Jahr argumentieren.

5. Unterstreiche in den Stichpunkten aus Aufgabe 3, welche Inhalte du als Argumente in der Erörterung nutzen kannst, um die Leserinnen und Leser von deiner Meinung (aus Aufgabe 4) zu überzeugen.

6. Unterstreiche mit einer anderen Farbe in den Stichpunkten aus Aufgabe 3, welche Materialien nicht deine Meinung widerspiegeln.

7. Ordne jetzt deine Argumente nach These und Gegenthese an.

a) Schreibe die Argumente auf, die du verwenden möchtest, um deine Position zu stützen. Entscheide dich für drei Argumente, die du auf jeden Fall in deinem Aufsatz aufnehmen willst. Nutze dazu in der Mindmap die grünen Äste.

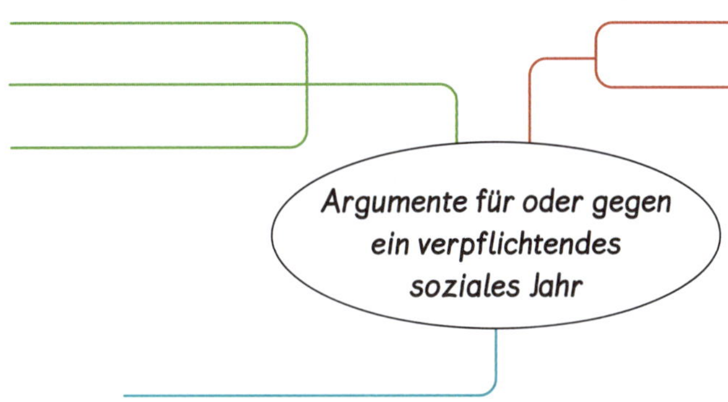

b) Ergänze die Mindmap um die Argumente, die du verwenden möchtest, um die Gegenposition darzustellen. Entscheide dich für zwei Argumente, die du auf jeden Fall in deinem Aufsatz aufnehmen willst. Nutze dazu die roten Äste.

c) Überlege dir mindestens ein eigenes Argument außerhalb der Materialien für die Position dafür oder dagegen. Ergänze die Mindmap um dieses Argument und nutze den blauen Ast.

d) Überlege, in welcher Reihenfolge du die Argumente aufführen würdest, und gewichte sie. Welche sind wichtig, welche weniger? Beachte die Anordnung nach dem Sanduhrprinzip.

2.1.2 Jetzt bist du dran – eine antithetische Erörterung schreiben

Sprachtipp

Argumente weiter ausbauen

Ein einfaches Argument besteht in der Regel aus drei Teilen: **Behauptung, Begründung** und **Beispiel.** Dieses Argument kannst du stützen, damit es aussagekräftiger wird. Das können **Erläuterungen**, **Belege** (z. B. Statistiken, wissenschaftliche Arbeiten), **Hinweise auf historische Ereignisse**, **Zitate**, **Schlussfolgerungen** oder **eigene Erfahrungen** sein. Ein Argument ist immer dreigliedrig aufgebaut, wobei der dritte Teil etwas länger ausfallen kann, wenn als Untermauerung des Arguments mehrere Arten des Stützens genutzt werden. Aus Behauptung, Begründung, Beispiel wird also **Behauptung, Begründung, Stütze.**

1. Das folgende ausgebaute Argument könnte dein Beitrag für das Buch zum sozialen Engagement sein. Untersuche es genauer.
   - Bestimme, wie es aufgebaut ist, indem du die einzelnen Phasen durch einen senkrechten Strich voneinander trennst.
   - Ordne die auf den gelben Flächen aufgeführten Bezeichnungen korrekt zu. Nutze für die Zuordnung die entsprechenden Nummern (Die Reihenfolge der Bezeichnungen entspricht nicht der Reihenfolge im Argument.).

1. Aussagesatz als Behauptung | 2. Stütze des Arguments durch Hinweise auf historische Ereignisse (Analogie) | 3. Gesetzestexte | 4. Schlussfolgerung

__Text 1:__ Dass das Vorhaben von Frau Kramp-Karrenbauer selbst bei den Anhängern der eigenen Partei nicht uneingeschränkte Zustimmung erfährt, ist vermutlich vor allem der Verfassungswidrigkeit geschuldet. Artikel 12 des Grundgesetzes garantiert eine freie Entfaltungsmöglichkeit im Berufsleben, insbesondere hat jeder das Recht, seinen „Beruf, seinen Arbeitsplatz und seine Ausbildungsstätte frei zu wählen." (Material 6) Darüber hinaus darf niemand zu einer Zwangsarbeit verpflichtet werden. Die Gründungsväter der Bundesrepublik Deutschland hatten allen Grund dazu, ein solches Grundrecht auf freie Berufswahl und das Verbot von Zwangsarbeit aufzunehmen, denn die zuvor 12-jährige Herrschaft der Nazis hat sehr wohl zahlreiche Menschen zur Zwangsarbeit unter unterschiedlichen Umständen verpflichtet und sowohl Männer als auch Frauen mussten den „Reichsarbeitsdienst" ableisten. Artikel 12 des Grundgesetzes möchte sich also von diesem Vorgehen für die neue Bundesrepublik distanzieren und schafft bewusst eine Abgrenzung zum vorherigen Regime. Wenn also ein verpflichtendes soziales Jahr eingeführt werden sollte, müsste zuvor das Grundgesetz geändert werden. Dafür ist eine 2/3-Mehrheit notwendig. Vermutlich aufgrund dieser historischen Vorkommnisse fehlt dafür im Bundestag im Moment die Mehrheit. (Material 3 und 6)

2. Im Aufsatz von Theresa aus der 9a des St.-Maria-Gymnasiums auf der nächsten Seite ist das Argument von Aufgabe 1 mitten im Hauptteil zu finden. Es hat den gleichen Inhalt, allerdings sind noch einige Aspekte zu überarbeiten. Lies es dir zunächst genau durch. Beschreibe kurz am Rand, was dir auffällt.

Text 2: *Nun komme ich zu dem Vorschlag von Frau Kramp-Karrenbauer, die einen Bundesfreiwilligendienst einführen möchte. Dieser Vorschlag ist selbst in ihrer eigenen Partei umstritten. Laut Artikel 12 des Grundgesetzes darf man keinen zu einer bestimmten Arbeit zwingen und jeder hat das Recht seinen „Beruf, seinen Arbeitsplatz und seine Ausbildungsstätte frei zu wählen." (Material 6). Die Ursache dafür ist die nationalsozialistische Geschichte Deutschlands, denn während der Herrschaft der Nazis mussten viele Menschen Zwangsarbeit machen. Weiterhin mussten auch alle Männer und Frauen des Reiches den sogenannten Reichsarbeitsdienst machen. Deshalb wurde der Artikel 12, der die Zwangsarbeit verbietet und die freie Berufswahl und -ausübung garantiert, nach dem Krieg geschrieben. Daraus folgt, dass man das Grundgesetz ändern müsste, um das verpflichtende soziale Jahr einzuführen. Dafür braucht man aber eine 2/3-Mehrheit und diese wird man im Bundestag nicht haben. (Material 3, 6)*

3. **Die Tabelle stellt einzelne Aussagen aus den beiden Texten noch einmal gegenüber. Vergleiche diese Aussagen miteinander. Kreuze jeweils rechts von dem Satz an, welche Aussage du besser findest. Unterstreiche, was für dich den Unterschied ausmacht.**

Text 1		Text 2	
Dass das Vorhaben von Frau Kramp-Karrenbauer selbst bei den Anhängern der eigenen Partei nicht uneingeschränkte Zustimmung erfährt, ist vermutlich vor allem der Verfassungswidrigkeit geschuldet.	☐	Nun komme ich zu dem Vorschlag von Frau Kramp-Karrenbauer, die einen Bundesfreiwilligendienst einführen möchte. Dieser Vorschlag ist selbst in ihrer eigenen Partei umstritten.	☐
Artikel 12 des Grundgesetzes garantiert eine freie Entfaltungsmöglichkeit …	☐	Laut Artikel 12 des Grundgesetzes darf man keinen zu einer bestimmten Arbeit zwingen.	☐
Die Gründungsväter der Bundesrepublik Deutschland hatten allen Grund dazu, ein solches Grundrecht auf freie Berufswahl […] aufzunehmen, denn die zuvor 12-jährige Herrschaft der Nazis hat sehr wohl zahlreiche Menschen zur Zwangsarbeit […] verpflichtet und …	☐	Die Ursache dafür ist die nationalsozialistische Geschichte Deutschlands, denn während der Herrschaft der Nazis mussten viele Menschen Zwangsarbeit machen.	☐
… sowohl Männer als auch Frauen mussten den „Reichsarbeitsdienst" ableisten.	☐	Weiterhin mussten auch alle Männer und Frauen des Reiches den sogenannten Reichsarbeitsdienst machen.	☐
Artikel 12 des Grundgesetzes möchte sich also von diesem Vorgehen für die neue Bundesrepublik distanzieren.	☐	Deshalb wurde der Artikel 12, der die Zwangsarbeit verbietet […] nach dem Krieg geschrieben.	☐
Wenn also ein verpflichtendes soziales Jahr eingeführt werden sollte, müsste zuvor das Grundgesetz geändert werden.	☐	Daraus folgt, dass man das Grundgesetz ändern müsste, um das verpflichtende soziale Jahr einzuführen.	☐
Dafür ist eine 2/3-Mehrheit notwendig. Vermutlich aufgrund dieser historischen Vorkommnisse fehlt dafür im Bundestag im Moment die Mehrheit.	☐	Dafür braucht man aber eine 2/3-Mehrheit und diese wird man im Bundestag nicht haben.	☐

4. Untersuche nun die beiden Texte genauer auf ihre Merkmale.
- Ergänze dazu die Tabelle. Prüfe beide Texte als Ganzes der Reihe nach, indem du dich bei jedem Text jeweils auf ein Kriterium aus der linken Spalte konzentrierst. Schreibe deine Ergebnisse in die Tabelle.
- Nutze dafür die Arbeitstechnik Textlupe.

Kriterium	Text 1	Text 2
Sprache und Stil (z. B. Überleitungen)		*z. B. unschön: „nun komme ich zu …" Zeile 1: Die Überleitung ist formal, nicht inhaltlich.*
Konkrete Stilmittel (z. B. Rückverweise oder Verweise nach vorn durch bestimmte Wörter)		
Wortwahl		
Gesamte Wirkung auf die Leserinnen und Leser		

5. Beurteile jetzt, welcher Text gelungener ist. Ergänze dafür folgenden Satz.

Ich finde Text Nr. ______ *besser, weil* ____________________

____

Sprachtipp

Den „Drehpunkt" und die Übergänge in der Argumentation gestalten

Für den Drehpunkt deiner Argumentation kannst du **rhetorische Figuren** (z. B. Euphemismus, Hyperbel, Vergleich, Litotes, Correctio, Emphase) verwenden. Diese lassen deinen Text nicht nur interessanter erscheinen, sie können diesen auch strukturieren und als Überleitung genutzt werden. Wichtig ist auch, dass du **formale Übergänge vermeidest**, die nur sagen, was du als Nächstes machst, nicht aber inhaltlich klarlegen, worum es im nächsten Abschnitt gehen wird. So sind Sätze wie *„Nun komme ich zu dem Vorschlag von …"* eine reine Darstellung dessen, was du als Nächstes machen möchtest, eine Aussage ohne inhaltlichen Mehrwert.

Gelungenes Beispiel: *Dass das Vorhaben von Frau Kramp-Karrenbauer selbst bei den Anhängern der eigenen Partei nicht uneingeschränkte Zustimmung erfährt, ist vermutlich vor allem der Verfassungswidrigkeit geschuldet.*

Damit dir die Gestaltung des Drehpunktes und die Überleitungen gelingen, musst du immer wieder üben.

6. Verbinde nun die folgenden Sätze, indem du die vorgegebene rhetorische Figur nutzt. Achte bei jeder Veränderung darauf, dass der Inhalt ungefähr gleich bleibt. Manchmal musst du aus einem Satz zwei Sätze machen.

Frau Kramp-Karrenbauer hat den Vorschlag gebracht, ein verpflichtendes soziales Jahr für alle Schulabgänger einzuführen. Ein solches Jahr hatten wir in Deutschland bereits zur Nazizeit.

→ Ironie durch den Einsatz einer rhetorischen Frage

Damals hieß diese Art von Dienst „Reichsarbeitsdienst“.

→ Emphase durch exakte Benennung der historischen Begebenheit mit einem Einschub eines Partikels, der minimiert: „nur“

Eine einstimmige Zustimmung bleibt Frau Kramp-Karrenbauer selbst in der eigenen Partei verwehrt.

→ Litotes: Bejahung durch doppelte Verneinung, ggf. musst du die Wortwahl etwas ändern.

Wenn also ein verpflichtendes soziales Jahr eingeführt werden sollte, müsste zuvor eine Diskussion im Parlament stattfinden und das Grundgesetz geändert werden.

→ Correctio, das heißt ein schwächeres Argument wird durch ein stärkeres bekräftigt. Dafür musst du ein Wort ergänzen.

Die Tatsache, dass sich die Mehrheit auch aus der eigenen Partei gegen den Vorschlag von Frau Kramp-Karrenbauer wendet, lässt sich mit zwei Argumenten nachvollziehen. Zunächst sprechen die Kosten von 13,4 Milliarden Euro dagegen, was rund 3,8 Prozent des voraussichtlichen Bundeshaushalts ausmacht, und dann sind da auch noch verfassungsrechtliche Bedenken.

→ Emphase durch „nicht nur, sondern auch", ergänze auch ein wertendes Wort wie „stark", „beachtlich" oder „nicht zu unterschätzen"

Die Vorteile, die auch jeder von uns kennt, der eine soziale Tätigkeit bereits ausgeübt hat, liegen klar auf der Hand. Man hat ein gutes Gefühl, einen Betrag zur Bereicherung des Lebens anderer geleistet zu haben, etwas Gutes getan zu haben, Menschen geholfen zu haben.

→ Klimax mit einer dreigliedrigen Steigerung für die Satzteile im zweiten Satz. Schaffe außerdem eine Verbindung zwischen dem 1. und dem 2. Satz durch ein Satzzeichen. Entferne zusätzlich die Dopplung des Wortes „gut".

Nun komme ich zu den Auswirkungen, die ein solches verpflichtendes soziales Jahr für die Schulabgänger haben könnte. Es könnte bedeuten, dass sie in Altersheimen den alten Menschen helfen, ihre Einsamkeit zu lindern. Jeder von uns weiß, wie überlastet das Pflegesystem ist, wie wenig Zeit sich die Pfleger für die Menschen nehmen können, wie viel Zwischenmenschliches auf der Strecke bleibt.

→ Verändere den zweiten Absatz, indem du die formale Überleitung durch eine inhaltliche ersetzt.

Schreibtipp

Eine Gliederung anfertigen

Eine Gliederung für eine antithetische Erörterung spiegelt den **Aufbau des Aufsatzes** wider. Sie ist somit nicht nur für den Schreibenden, sondern auch für die Leserschaft eine Hilfe. Dabei schreibst du nicht nur die Argumente für den Hauptteil auf, sondern du überlegst bereits in der Gliederung, welche Inhalte deine Einleitung und dein Schluss haben sollten. Eine Gliederung kann z.B. wie folgt aufgebaut sein:

Beispiel für eine Gliederung

A) **Einleitung**
B) **Hauptteil** (Themafrage)
  I Gegenthese (Argumente, die gegen deine Position stehen)
    1. Argument (stärkstes Argument der Gegenthese)
      a) Begründung/Beleg
      b) Begründung/Beleg
    2. Argument (schwächstes Argument der Gegenseite)
(**Drehpunkt**, z.B. mit einer passenden rhetorischen Figur)
  II These (Argumente, die deine Position stützen)
    1. Argument (schwächstes Argument deiner Position)
      a) Begründung/Beleg
      b) Begründung/Beleg
    2. Argument (stärkstes Argument deiner Position)
      a) Begründung/Beleg
      b) Begründung/Beleg
C) **Schluss**

7. Nutze die Argumente, die du für den Aufsatz in dem Buch verwenden möchtest (siehe Aufgaben 5, 6 und 7 auf Seite S. 25).
- Schreibe diese in einer Gliederung auf. Orientiere dich am Schreibtipp.
- Arbeite auf einem Extrablatt.

Benutze für deine Gliederung inhaltliche Überschriften.

Schreibtipp

Eine Erörterung mit einem roten Faden schreiben

Damit du den **roten Faden** nicht verlierst, musst du dich an bestimmte Regeln halten:
- Überlege dir **vor** dem Schreiben eine Gliederung.
- Denke **während** des Schreibens immer daran, was die Kernaussage des Textes ist und welches Ziel du mit ihm verfolgst.
- Habe **immer** deine Zielgruppe im Blick.

8. Schreibe nun die antithetische Erörterung. Arbeite auf einem Extrablatt.

2.1.3 Zuletzt kommt der Feinschliff – eine antithetische Erörterung überarbeiten

1. Überprüfe die sprachliche Gestaltung in deinem Aufsatz mithilfe der folgenden Checkliste.

Checkliste

Checkliste zum Überarbeiten der antithetischen Erörterung

	Ja	Nein	An folgenden Stellen muss ich noch nacharbeiten.
✔ Habe ich auf inhaltliche Übergänge geachtet?	☐	☐	______
✔ Habe ich rhetorische Mittel eingesetzt?	☐	☐	______
✔ Habe ich die Überleitungen zwischen der Pro- und Kontra-Seite (Drehpunkt) richtig eingeleitet?	☐	☐	______
✔ Habe ich leere Floskeln gebraucht?	☐	☐	______

2. Wenn du in deinem Aufsatz noch auf sprachlicher Ebene nacharbeiten musst, benutze die Hinweise aus dem Sprachtipp.

Sprachtipp

Wörter und Wendungen für inhaltliche Übergänge und Überleitungen

Um deine Argumente **schlüssig zu gestalten** und **Überleitungen zwischen These und Gegenthese** sprachlich geschickt vorzunehmen, solltest du bestimmte Wörter und Wortverbindungen einsetzen. z. B. *einerseits … andererseits …; nicht nur …, man muss auch …; Wie aber verhält es sich dagegen mit …?; Trotzdem … sollte man nicht außer Acht lassen, dass …; Dem steht allerdings entgegen, dass …; Man sollte aber nicht vergessen, dass …; Obwohl …, lässt sich nicht übersehen, dass …; Dagegen sollte …; zwar …, aber …*

3. Überprüfte deine Erörterung noch einmal. Welche Ideen hast du eingebracht, die nicht in der Materialsammlung vorkommen? Schreibe sie stichpunktartig auf.

______

______

______

______

4. Suche die Stellen in deinem Aufsatz, an denen du Gedanken oder ganze Textstellen aus den Materialien übernommen hast. Überprüfe, ob die Zitate korrekt sind. Nutze den Schreibtipp auf der nächsten Seite. Wo notwendig ergänze,
- die Anführungszeichen bei den direkten Zitaten,
- die Quellenangaben,
- eckige Klammern bei Auslassungen und grammatischen Veränderungen.

Lösungen Schulaufgabentrainer 9

ISBN 978-3-12-316169-2

1.1 Eine erweiterte Inhaltsangabe verfassen

1.1.1 Immer gut vorbereitet – eine erweiterte Inhaltsangabe vorbereiten

Seite 6

1. Individuelle Schülerlösung

Seite 8

2. Paul, ein Teenager im zerstörten Nachkriegsdeutschland, kommt voller Vorfreude nach Hause und möchte seiner Mutter mit einer Rose eine Freude zum Geburtstag machen. Er erfährt dabei eher beiläufig, dass seine Mutter beabsichtigt, ihren neuen Lebensgefährten zu heiraten.

3./4.

Zeilenangabe	Inhalt	Pauls Gefühle
Abschnitt 1: Zeile 1–11	*Paul gratuliert seiner Mutter im Flur zum Geburtstag und überreicht ihr sein Geschenk.*	Beschwingt und stolz auf sich, weil sich seine Mutter offensichtlich über die Rose sehr freut.
Abschnitt 2 Zeile 12–37	Beginnendes Gespräch mit Bill, der in der Küche sitzt, Paul freundlich begrüßt und ihm Kuchen anbietet.	Zurückhaltend und ablehnend gegenüber Bill
Abschnitt 3 Zeile 38–48	Paul entdeckt den am Fenster stehenden Rosenstrauß von Bill, in den die Mutter seine Rose hineinsteckt.	Verärgert und verdrossen, weil ihm sein Geschenk nun bedeutungslos vorkommt; zugleich sprachlos wegen der Geste der Mutter.
Abschnitt 4 Zeile 49–71	In der angespannten Situation fordert Bill die Mutter zum Tanz auf, die eher zurückhaltend reagiert, um Paul nicht weiter zu überfordern. Bill platzt mit der Neuigkeit heraus, dass sie beschlossen haben, zu heiraten.	Paul ist eifersüchtig auf Bill.
Abschnitt 5 Zeile 71–79	Bill versucht die Situation zu retten und bietet Paul dessen Lieblingsschokolode an. Dieser schlägt sie Bill aus der Hand und rennt wütend aus der Küche.	Die grenzenlose Wut richtet sich vor allem gegen seine Mutter.

Seite 9

5. Der Junge betrachtet Bill als Eindringling, der sich zwischen ihn und seine Mutter drängt. Der Rosenstrauß und der Kuchen sind für Paul ein Zeichen, dass Bill seiner Mutter auch finanzielle Sicherheit und Liebe bieten kann, was ihn verunsichert. Als er erfährt, dass die beiden heiraten wollen, schlägt seine Enttäuschung in maßlose Wut um.

6. Damit kann Zweierlei gemeint sein: Zum einen wirft Paul seiner Mutter vor, nicht mehr an die Rückkehr des Vaters zu glauben, zum anderen ist die Beschimpfung Ausdruck seiner Eifersucht, weil er das Gefühl hat, nicht mehr die wichtigste Person im Leben der Mutter zu sein.

7. **Titel des Textes (in Anführungszeichen), Erscheinungsjahr:** „Der Junge aus dem Trümmerland", 2020
Autor(in): Sarah Bergmann
Textart: Roman
Thema: Eifersucht und Ablehnung als Reaktion auf neue Heirat der Mutter

1.1.2 Jetzt bist du dran – eine erweiterte Inhaltsangabe schreiben und über ausgewählte Aspekte der Gestaltung informieren

Seite 10

Musteraufsatz

1. Im Kapitel „Die Rose" aus dem 2020 erschienenen Roman „Der Junge aus dem Trümmerland" von Sarah Bergmann erfährt der 13-jährige Paul am Geburtstag seiner Mutter, dass sie zum zweiten Mal heiraten möchte, was ihn völlig eifersüchtig und wütend macht.
Der 13-Jährige kommt voller Vorfreude nach Hause, um seine Mutter zum Geburtstag mit einer Rose zu überraschen, die er unter großen Anstrengungen auf dem Schwarzmarkt erworben hat, da im vom Krieg zerstörten Berlin viele Dinge des alltäglichen Lebens fehlen und daher nur schwer zu haben sind. Die Freude der Mutter über die Blume erfüllt Paul mit Stolz; doch dieses Gefühl verblasst schnell, als Paul den neuen Freund der Mutter in der Küche bemerkt. Bill, ein amerikanischer Besatzungssoldat, begrüßt den Jungen freundlich und bemüht sich um eine lockere Atmosphäre, doch Paul reagiert abwehrend, nimmt aber den ihm angebotenen Kuchen an. Auf dem Fensterbrett steht ein großer Strauß Rosen, den die Mutter wohl von Bill erhalten hat. Als Paul ihn entdeckt, reagiert die Mutter verlegen und steckt seine Rose in den Strauß hinein, was Paul eifersüchtig wahrnimmt, ohne aber etwas zu sagen. Bill versucht, die angespannte Situation zu durchbrechen und möchte mit der Mutter tanzen, die aber zurückhaltend reagiert, um Paul nicht zu provozieren. In dieser brenzligen Situation platzt Bill mit der Nachricht der bevorstehenden Hochzeit heraus. Während die Mutter um Worte ringt, versucht Bill, die Wogen zu glätten und bietet dem Jungen zwei Tafeln seiner Lieblingsschokolode an, die Paul diesem aber aus der Hand schlägt. Blind vor Wut und Entsetzen rennt Paul aus der Küche und schleudert seiner Mutter seine Verachtung mit den Worten „Verräterin" entgegen.

2./3. **Paul – Bill**: *eifersüchtig* auf den neuen Lebenspartner, dem er sich (auch materiell) unterlegen fühlt; *konkurrierend*;
Textbeleg: „*In Paul breitete sich ein Gefühl aus, das gar nicht zu beschreiben war. Es enthielt Wut und Enttäuschung und der Geier mochte wissen, was noch.*" (Z. 49 ff.)
Bill – Paul: *freundschaftlich, kameradschaftlich*;
Textbeleg: Er lächelt Paul an und begrüßt ihn herzlich: „*Als er Paul erblickte, grinste er.*" (Z. 18 f.)
Paul – Mutter: von *fürsorglicher* Zuneigung geprägt; herzliches Verhältnis (gegenseitig); Textbelege: „Sie [...] strahlte über beide Wangen, als sie ihn sah". (Z. 2 f.)
Bill – Mutter: ineinander *verliebt*; *vertraut* miteinander
Textbeleg: Liebesbeziehung ergibt sich aus den Rosen, die Bill ihr zum Geburtstag schenkt, und aus der Tatsache, dass die beiden ihre Hochzeit planen.

4. Der 13-jährige Paul muss aufgrund der schwierigen Umstände im vom Krieg zerstörten Berlin schon früh auf eigenen Beinen stehen, wodurch er selbstständig und mutig wird. Seine Mutter ist seine engste Beziehungsperson, die er sehr gern hat, weshalb er ihr zu ihrem Geburtstag eine Freude machen möchte. Daher reagiert er auf den neuen Lebenspartner der Mutter ablehnend und eifersüchtig.

Seite 11

5./6. **Äußere Merkmale:**
- Paul: 13-jähriger Junge von eher schmächtiger Statur

Lebensumstände:
- Lebt mit seiner Mutter in einer Wohnung in Berlin; im vom Krieg stark zerstörten Berlin sind Lebensmittel und Alltagsgüter noch immer knapp, der Schwarzmarkthandel blüht; Zucker, Blumen und Schokolade sind für die Bewohner Berlins fast nicht erhältlich – für die Soldaten der Besatzungsmächte sind diese Produkte aber frei verfügbar.
- Der Vater ist noch nicht aus dem Krieg zurückgekehrt, er gilt als verschollen.

Verhaltensweisen: gegenüber der Mutter:
- Paul hat eine enge Beziehung zu seiner Mutter. Um ihr an ihrem Geburtstag eine Freude zu machen, hat er sich in eine gefährliche Situation begeben und auf dem Schwarzmarkt eine in der damaligen Zeit äußerst kostbare Rose erstanden. Ihre Freude über die Blume macht ihn „sehr stolz" (Z. 11).
- Gegenüber seiner Mutter möchte er schon erwachsen wirken, weshalb er sich damit brüstet, dass er auf dem Schwarzmarkt geschickt verhandelt hat („Hab ich organisiert", sagte er mit weltmännischer Lässigkeit", Z. 7).
- Die beiden verstehen sich auch ohne Worte, was ihr vertrautes Verhältnis zueinander unterstreicht (vgl. Z. 64: Paul ließ seinen Blick schnell über das Gesicht der Mutter gleiten, in dem er dieses Blitzen nicht finden würde.) Aus diesem Grund empfindet er Johannas neuen Lebensgefährten als Eindringling.
- Nach Bills unbedachter Äußerung über die bevorstehende Hochzeit richtet sich Pauls Zorn gegen seine Mutter. Er beschimpft sie als „Verräterin" (Z. 77). Dass er anschließend wütend das Zimmer verlässt, ist ein Ausdruck seiner emotionalen Überforderung.

Verhaltensweisen gegenüber Bill:
- Schon Bills bloße Anwesenheit in der Küche stößt bei Paul auf Ablehnung. Auf dessen freundliche Begrüßung reagiert er wortkarg und mürrisch: „Anstelle eines Grußes zog Paul nur die Nase kraus", Z. 26. Außerdem will Paul auf keinen Fall, dass die Erwachsenen merken, dass ihm die fremd klingende Musik eigentlich gefällt und er begierig ist, ein Stück vom Kuchen zu bekommen.
- Bill ist für ihn ein Konkurrent um die Aufmerksamkeit und Liebe seiner Mutter, dem er sich aber unterlegen fühlt.
- Bills Beschwichtigungsversuch weist er brüsk von sich, indem er ihm die Schokolade aus der Hand schlägt.

Charaktereigenschaften, Gefühle, Gedanken, Absichten:
fürsorglich, wehrt sich gegen neue Situation, ablehnend der neuen Liebe der Mutter gegenüber

Seite 12

7. Individuelle Schülerlösung, vergleiche auch die Zitate aus Aufgabe 5./6.

Seite 13

8. **Erzählform:** Er-Form
Erzählverhalten und Erzählperspektive: personale Erzählperspektive; die Episode wird aus der Perspektive der Hauptfigur Paul erzählt. Die Leserschaft folgt seinen Blicken durch die Wohnung. Zugleich erfährt man seine Gedanken und Einstellungen in dieser Situation, während nur die Reaktionen der Erwachsenen beschrieben werden, man jedoch nicht in deren Köpfe schauen kann.

Seite 14

9. Individuelle Schülerlösung; Beispiele:
Besonderheiten: Figurenrede teils mit umgangssprachlichen Formulierungen; Erzählbericht aus der Sichtweise Pauls (vermittelt Gefühlslage bzw. Einstellung zu Johanna und Bill).
Erzählbericht: Der Erzählbericht liefert nähere Informationen zu den drei handelnden Figuren. In diesem erfährt die Leserin/der Leser Näheres über das Aussehen der Personen sowie über die Reaktionen bzw. über ihre Emotionen. Der Fokus liegt hierbei deutlich auf Paul. Seine Reaktion, als er Bills Rosenstrauß auf der Fensterbank entdeckt, vermittelt der Leserschaft dessen Fassungslosigkeit.

10. Durch diese Form des Erzählens wird eine Nähe der Leserin/des Lesers zur Handlung erzeugt. Man hat das Gefühl, den heraufziehenden Konflikt in der Küche fast mit Händen greifen zu können. Durch die personale Erzählsituation übernimmt die Leserin/der Leser aber auch bis zu einem gewissen Grad Pauls negative Sichtweise auf Bill.

Seite 15

11. Romanauszug ist größtenteils zeitdeckend gestaltet, was vor allem mit den hohen Sprachanteilen der Figuren zusammenhängt. Besonders dramatische Augenblicke werden hingegen zeitdehnend dargestellt, um Pauls Emotionen in den Vordergrund zu rücken. Dies ist beim Anblick des Rosenstraußes der Fall, aber auch, als Bill die geplante Hochzeit erwähnt.

12. Die Figuren verwenden teilweise Umgangssprache. Bill spricht als Amerikaner grammatikalisch nicht ganz korrektes Deutsch. Diese Fehler werden hier bewusst in die Figurenrede integriert. Insgesamt ist festzustellen, dass alle drei Personen eher in kurzen Sätzen sprechen (parataktischer Satzbau, teilweise in Ellipsen).

13./14. *„Dabei verschluckte er sich am Kuchen. Kleine Kuchenkrümel regneten auf den Boden.“*: Metapher
„… es blähte seinen Bauch …“: Personifikation
„Als hätte der Blitz eingeschlagen und alle Funktionen lahmgelegt.“: Vergleich und Personifikation
„Wie in Trance nahm er wahr.“: Vergleich
Wirkung: Personifikation und Vergleiche werden hier eingesetzt, um Pauls Fassungslosigkeit anschaulich zu gestalten. In einer Situation, in der er unfähig ist, seine Gefühle adäquat zu artikulieren bzw. in der er keinen klaren Gedanken fassen kann, transportieren diese Stilmittel diese Emotionen.

Seite 16

15. Das personale Erzählverhalten hat zu Beginn eine suggestive Wirkung auf die Leserschaft. Pauls abschätzige Meinung über Bill wird gewissermaßen auf sie übertragen. In seinen Gedanken bezeichnet Paul den neuen Freund der Mutter immer abfällig als „de[n] Ami“. Doch Bills Freundlichkeit und sein zuvorkommendes Verhalten stehen im krassen Gegensatz dazu. Immer wieder ergreift Bill die Initiative, um das Eis zu brechen, wird jedoch von Paul fast immer schroff zurückgewiesen.

16. **Text A** bietet eine deutlich reflektiertere Sichtweise auf die Situation in der Küche.
Text B wäre als Schlussteil ungeeignet, da er die Situation nicht korrekt widerspiegelt. Bill und Johanna sind ineinander verliebt und möchten heiraten. Der neue Mann an Johannas Seite wird in dieser Szene eher rücksichtsvoll und offen gegenüber Paul beschrieben, weshalb Paul ihm eine Chance geben sollte.

17. Individuelle Schülerlösung

1.1.3 Zuletzt kommt der Feinschliff – eine erweiterte Inhaltsangabe überarbeiten

Seite 17

1.–3. Individuelle Schülerlösung

1.1.4 Endspurt auf der Zielgeraden – in Bestform für die Schulaufgabe

Seite 18

Musteraufsatz:

Die 1947 von Wolfgang Borchert verfasste Kurzgeschichte „Nachts schlafen die Ratten doch“ handelt von einer Begegnung zwischen einem älteren Mann und einem nach einem Bombenangriff traumatisierten Jungen. Der Autor zeigt auf sehr eindringliche Weise die Auswirkungen des Zweiten Weltkriegs auf die überlebenden Menschen.
Zu Beginn der Geschichte sitzt der neunjährige Jürgen in den Trümmern eines durch eine Bombe zerstörten Hauses, als ein fremder Mann vorbeikommt und Jürgen in ein Gespräch verwickelt. Zunächst fürchtet sich der Junge vor dem älteren Mann und fühlt sich ertappt, weshalb er auf die Fragen des Mannes einsilbig und unwillig antwortet. Aber der Ältere bleibt beharrlich und erfährt durch seine Fragen vom Schicksal des Jungen, der seinen vierjährigen Bruder bei einem Bombenangriff verloren hat. Seitdem bewacht er die verschüttete Leiche des Jungen, damit diese nicht von Ratten gefressen wird. Die Notlüge des Mannes, dass Ratten keine nachtaktiven Tiere seien, bewirkt eine Verhaltensänderung bei Jürgen. Zusätzlich scheint er neue Hoffnung und neuen Lebensmut zu schöpfen, da der Mann ihm auch in Aussicht stellt, dass er ein kleines Kaninchen bekommen könne. Die Geschichte endet mit dem Fortgang des Mannes und dem Versprechen, später am Tag zu Jürgen zurückzukommen und ihn nach Hause zu begleiten.

Figurencharakteristik „Jürgen“:
Die Hauptfigur der Kurzgeschichte ist ein kleiner Junge namens Jürgen. Er ist „[n]eun“ Jahre als (vgl. Z. 23) und hat in seinem Leben schon schlimme Dinge durchgemacht. Jürgen wächst in einer Umgebung auf, die deutliche Spuren des Krieges zeigt. Als der ältere Mann ihm begegnet, sitzt er in der Nähe eines durch eine „Bombe“ zerstörten Hauses zwischen den Ruinen. Er lebt bei seinen Eltern und scheint zumindest teilweise in die Schule zu gehen, denn darüber berichtet er im Gespräch (Z. 75 f.). Äußerlich macht er einen etwas verwahrlosten Eindruck, was aus seinen ungekämmt wirkenden Haaren zu schließen ist: „fragte der Mann und sah von oben auf das Haargestrüpp herunter.“ (Z. 9) Jürgen scheint tagelang in den Häuserruinen zu sitzen, ohne dass seine Eltern dies bemerkt haben. Dadurch ist er völlig „müde“ und erschöpft. Im Gespräch mit dem älteren Mann offenbart er, dass sein Bruder durch einen Bombenangriff ums Leben gekommen ist und er den Leichnam des kleinen Bruders davor bewahren möchte, von Ratten gefressen zu werden (vgl. Z. 51). Seine Verzweiflung wird spürbar, als er dem Mann von der Bombardierung erzählt (vgl. Z. 55).

Dass Jürgen durch den Krieg traumatisiert ist, wird schon zu Beginn der Kurzgeschichte deutlich. Als der Mann auf ihn zukommt, erschrickt er sich: „Jetzt haben sie mich!, dachte er." (Z. 4). Dies möchte er sich aber nicht anmerken lassen und gibt sich erwachsen und abgeklärt. Ungewöhnlich ist auch, dass er mit neun Jahren Tabak dreht (vgl. Z. 37). Jürgen ist zunächst misstrauisch und antwortet dem Mann eher einsilbig und ausweichend (vgl. Z. 18). Seine Neugierde wird jedoch geweckt, als der Ältere das Gespräch geschickt auf die vielen kleinen Kaninchen lenkt und ihm anbietet, ihm eins zu schenken. Jürgen fasst Vertrauen zu dem Fremden und offenbart ihm seine Angst um den toten kleinen Bruder. Die Aussicht, bald ein eigenes kleines Kaninchen zu haben (Z. 73 ff.), bewirkt eine Verhaltensänderung bei Jürgen: Seine Trauer rückt in den Hintergrund und er scheint neuen Lebensmut zu fassen. Dies wird daran deutlich, dass er Pläne für die Zukunft macht und sich vornimmt, für sein Kaninchen einen Stall zu bauen.

Sprachanalyse:
Satzebene: Figuren sprachen in kurzen Sätzen (Parataxe), teilweise mit umgangssprachlichen Ausdrücken versehen („euer Lehrer soll einpacken, wenn er das nicht mal weiß."); Jürgen neigt zu Beginn des Dialogs auch zu Ellipsen („Neun"). Bei Jürgen sind die verknappten Sätze Ausdruck des unfassbaren Entsetzens über die Ereignisse durch die Bombardierung, hier scheint er regelrecht um Worte zu ringen.
Beginn der Kurzgeschichte: Zur Veranschaulichung der bombardierten Szenerie Verwendung von Personifikationen („Das […] Fenster […] gähnte"; „Die Schuttwüste döste", Z. 2).
Weitere sprachliche Auffälligkeiten:
Wiederholungen: Kaninchenfutter; Ratten; Personalpronomen

2.1 Eine antithetische Erörterung auf Materialbasis verfassen

2.1.1 Immer gut vorbereitet – eine antithetische Erörterung vorbereiten

Seite 22

1. Ziel der Erörterung ist es, Mitschülerinnen und Mitschüler sowie interessierte Erwachsene über die Vor- und Nachteile eines verpflichtenden sozialen Jahres zu informieren.

2. Individuelle Schülerlösung

Seite 24

3. **M1:** Ein Auffangen des Fachkräftemangels durch ein verpflichtendes soziales Jahr ist nicht möglich.
M2: Reduktion der Einsamkeit der Senioren und Entlastung der Pfleger durch Praktikanten im verpflichtenden sozialen Jahr, die sich mit den Pflegebedürftigen beschäftigen
M3: Notwendige Verfassungsänderung zur Einführung eines sozialen Pflichtjahres ist aufgrund fehlender Mehrheiten nicht möglich.
M4: Fehlende Zeit bei der Pflege, Unterversorgung von Patienten, keine Gespräche mit Patienten möglich
M5: Fragwürdige Vorbilder
M6: Grundgesetz garantiert freie Berufswahl und Entfaltungsmöglichkeit; junge Generation für ein verpflichtendes soziales Jahr.

Seite 25

4.–7. Individuelle Schülerlösung

2.1.2 Jetzt bist du dran – eine antithetische Erörterung schreiben

Seite 26

1. **Text 1:** Dass das Vorhaben von Frau Kramp-Karrenbauer selbst bei den Anhängern der eigenen Partei nicht uneingeschränkte Zustimmung erfährt, ist vermutlich vor allem der Verfassungswidrigkeit geschuldet. **(1)** | Artikel 12 des Grundgesetzes garantiert eine freie Entfaltungsmöglichkeit im Berufsleben, insbesondere hat jeder das Recht, seinen „Beruf, seinen Arbeitsplatz und seine Ausbildungsstätte frei zu wählen." (Material 6) Darüber hinaus darf niemand zu einer Zwangsarbeit verpflichtet werden. **(3)** | Die Gründungsväter der Bundesrepublik Deutschland hatten allen Grund dazu, ein solches Grundrecht auf freie Berufswahl und das Verbot von Zwangsarbeit aufzunehmen, denn die zuvor 12-jährige Herrschaft der Nazis hat sehr wohl zahlreiche Menschen zur Zwangsarbeit unter unterschiedlichen Umständen verpflichtet und sowohl Männer als auch Frauen mussten den „Reichsarbeitsdienst" ableisten. **(2)** | Artikel 12 des Grundgesetzes möchte sich also von diesem Vorgehen für die neue Bundesrepublik distanzieren und schafft bewusst eine Abgrenzung zum vorherigen Regime. Wenn also ein verpflichtendes soziales Jahr eingeführt werden sollte, müsste zuvor das Grundgesetz geändert werden. Dafür ist eine 2/3-Mehrheit notwendig. Vermutlich aufgrund dieser historischen Vorkommnisse fehlt dafür im Bundestag im Moment die Mehrheit. (Material 3 und 6) **(4)**

2. Dieser Abschnitt wirkt sprachlich etwas holprig im Gegensatz zu dem Argument davor. Wortwiederholungen sind zu finden, z. B. „machen". Die Überleitungen zwischen den einzelnen Passagen sind unschön. Sie sind eher formal und wenig fließend, z. B. „Nun komme ich zu", „Daraus folgt", „die Ursache dafür". Beim Vergleich ganzer Sätze sieht man z. B. hier die unterschiedlichen Stile in der Formulierung: „Deshalb wurde der Artikel 12, der die Zwangsarbeit verbietet" ist nicht gut formuliert wie „Artikel 12 des Grundgesetzes möchte sich also von diesem Vorgehen … distanzieren". Ebenso ist der letzte Satz von Theresa etwas einfacher als der folgende Satz im Vergleichstext: „Vermutlich aufgrund dieser historischen Vorkommnisse fehlt dafür im Bundestag im Moment die Mehrheit."

Seite 27

3.

Text 1	besser	Text 2	besser
Dass das Vorhaben von Frau Kramp-Karrenbauer selbst bei den Anhängern der eigenen Partei nicht uneingeschränkte Zustimmung erfährt, ist vermutlich vor allem der Verfassungswidrigkeit geschuldet.	x	*Nun komme ich zu dem Vorschlag von Frau Kramp-Karrenbauer, die einen Bundesfreiwilligendienst einführen möchte. Dieser Vorschlag ist selbst in ihrer eigenen Partei umstritten.*	
Artikel 12 des Grundgesetzes garantiert eine freie Entfaltungsmöglichkeit …	x	*Laut Artikel 12 des Grundgesetzes darf man keinen zu einer bestimmten Arbeit zwingen.*	
Die Gründungsväter der Bundesrepublik Deutschland hatten allen Grund dazu, ein solches Grundrecht auf freie Berufswahl […] aufzunehmen, denn die zuvor 12-jährige Herrschaft der Nazis hat sehr wohl zahlreiche Menschen zur Zwangsarbeit […] verpflichtet und …	x	*Die Ursache dafür ist die nationalsozialistische Geschichte Deutschlands, denn während der Herrschaft der Nazis mussten viele Menschen Zwangsarbeit machen.*	
… und sowohl Männer als auch Frauen mussten den „Reichsarbeitsdienst" ableisten. (Es ist eine Verbindung zum vorherigen Inhalt vorhanden, kein Bruch der Gedanken, ein Satz.)	x	*Weiterhin mussten auch alle Männer und Frauen des Reiches den sogenannten „Reichsarbeitsdienst" machen.*	
Artikel 12 des Grundgesetzes möchte sich also von diesem Vorgehen für die neue Bundesrepublik distanzieren. („Also" mitten im Satz ersetzt das „deshalb" des rechten Satzes. Gehobene Wortwahl mit „distanzieren.)	x	*Deshalb wurde der Artikel 12, der die Zwangsarbeit verbietet […] nach dem Krieg geschrieben.* (einfache Wortwahl, formale und deshalb keine gelungene Einleitung des Satzes mit „deshalb")	
Wenn also ein verpflichtendes soziales Jahr eingeführt werden sollte, müsste zuvor das Grundgesetz geändert werden. („Wenn also" wird statt „daraus folgt" verwendet. Es gibt dem Übergang einen natürlichen Fluss, den „daraus folgt" nicht hat.)	x	*Daraus folgt, dass man das Grundgesetz ändern müsste, um das verpflichtende soziale Jahr einzuführen.* („Daraus folgt" ist sehr formal.)	
Dafür ist eine 2/3-Mehrheit notwendig. Vermutlich aufgrund dieser historischen Vorkommnisse fehlt dafür im Bundestag im Moment die Mehrheit. (Wortwiederholung: „Mehrheit", „notwendig" jedoch besser als brauchen, da gehobenes Sprachniveau.)		*Dafür braucht man aber eine 2/3-Mehrheit und diese wird man im Bundestag nicht haben.* („braucht" eher durchschnittliches Sprachniveau)	x

Seite 28

4.

Kriterium	Text 1	Text 2
Sprache und Stil (z.B. Überleitungen)	Überleitungen, die in den Satz eingebaut sind und nicht unbedingt am Anfang des Satzes stehen. Sie fallen dadurch kaum auf. (z.B. „also", „Wenn also"	*z.B. unschön: „nun komme ich zu…"* *Zeile 1: Die Überleitung ist formal, nicht inhaltlich.* Ebenso verhält es sich mit „Deshalb", „daraus folgt" und „dafür".
Konkrete Stilmittel (z.B. Rückverweise oder Verweise nach vorn durch bestimmte Wörter)	„solche", Verfassungswidrigkeit wird im nächsten Satz mit „Artikel 12 des Grundgesetzes" wieder aufgenommen, ohne das Wort zu wiederholen. Im Satz darauf steht dann „Gründungsväter" als Bezugswort auf die Verfassung. Formal ist es ein anders Wort, inhaltlich aber eindeutig ein Rückbezug	„Deshalb", „daraus folgt", „dafür", „weiterhin" → unschön, da eher formal und nicht fließend.
Wortwahl	gehobene Wortwahl, z.B. „distanzieren", „Gründungsväter", „ableisten"	einfache Wortwahl: machen, brauchen, verbieten
Gesamte Wirkung auf die Leserinnen und Leser	Man merkt die Überleitungen zwischen den einzelnen Abschnitten nicht, man muss genau hinschauen. Der Text wirkt eleganter und flüssiger.	Abgehackt, die Überleitungen zwischen den einzelnen Abschnitten sind deutlich zu sehen anhand der einleitenden Wörter. Der Text ist zwar gut zu lesen, aber nicht elegant.

5. *Ich finde Text Nr.* **1** *besser, weil* die formalen Überleitungen nicht auffallen und sich der Text insgesamt flüssiger lesen lässt.

Seite 29

6. - Frau Kramp-Karrenbauer hat den Vorschlag gebracht, ein verpflichtendes soziales Jahr für alle Schulabgänger einzuführen, aber hatten wir ein solches Jahr nicht schon in unserer Geschichte während der Nazizeit?
- Es hieß damals nur „Reichsarbeitsdienst".
- Von einer uneingeschränkten Zustimmung kann selbst in der eigenen Partei nicht die Rede sein.
- Wenn also ein verpflichtendes soziales Jahr eingeführt werden sollte, müsste zuvor eine Diskussion im Parlament stattfinden und insbesondere das Grundgesetz geändert werden.

Seite 30

- Die Tatsache, dass sich die Mehrheit auch aus der eigenen Partei gegen den Vorschlag von Frau Kramp-Karrenbauer wendet, verwundert nicht. Denn nicht nur die hohen Kosten von 13,4 Milliarden Euro sprechen gegen eine Einführung des verpflichtenden sozialen Jahres, sondern auch die beachtlichen verfassungsrechtlichen Bedenken.
  (Während in dem Ursprungssatz die Kosten und die verfassungsrechtlichen Bedenken durch das „und" als Konjunktion auf gleicher Stufe stehen, wird im 2. Satz den verfassungsrechtlichen Bedenken mehr Gewicht gegeben. Dadurch werden sie betont und als stärker in den Vordergrund gestellt. Da die Verfassung das wichtigste Gesetz ist, das wir in Deutschland haben, wird diesem Umstand durch diese Betonung Rechnung getragen.)
- Die Vorteile, die auch jeder von uns, der eine soziale Tätigkeit bereits ausgeübt hat, kennt, liegen klar auf der Hand: Man hat das Gefühl, etwas Gutes getan, einem Menschen geholfen und einen Beitrag zur Bereicherung des Lebens anderer geleistet zu haben.
- Für die Schulabgänger könnte das bedeuten, dass sie in Altersheimen den alten Menschen helfen, ihre Einsamkeit zu lindern. Jeder von uns weiß, wie überlastet das Pflegesystem ist, wie wenig Zeit sich die Pfleger für die Menschen nehmen können, wie viel Zwischenmenschliches auf der Strecke bleibt.
  (Der Satz: „Nun komme ich zu den Auswirkungen … ist eine leere Floskel, die nur darstellt, was du als Nächstes machen möchtest, ohne eine inhaltliche Aussage zu machen. Deshalb sollte sie wegfallen.)

Seite 31

7. *In dem Beispiel einer Gliederung mit Erläuterungen vertritt die Autorin die Position, dass man kein verpflichtendes soziales Jahr einführen sollte.*

A) Bezug zu den sozialen Tätigkeiten der eigenen Schule und alte Idee neu formuliert, bringt Diskussion in den Bundestag

B) Diskussion über das verpflichtende soziale Jahr

  I) Vorteile eines solchen Jahres

    1. Mehrheit der Jugendlichen laut Umfrage für ein verpflichtendes soziales Jahr: Einbringen in die Gesellschaft möglich
    2. Linderung der Einsamkeit der alten Menschen, verursacht durch Pflegenotstand

  II) Nachteile eines solchen Jahres

    1. Verpflichtendes soziales Jahr ist keine Lösung für den Pflegenotstand: Stärkung der Freiwilligendienste (Pflegenotstand war bereits unter einem anderen Gesichtspunkt Thema des letzten Arguments der Gegenposition und wird hier als inhaltliche Überleitung zwischen der These und Gegenthese nochmals aufgenommen)
    2. Eingriff in die persönliche Lebensplanung verletzt Grundrecht auf Selbstbestimmung (Grundrecht auf Selbstbestimmung wurde auch in der Nazizeit stark verletzt, somit ist das eine inhaltliche Überleitung zum nächsten Thema)
    3. Historie aus der Nazizeit und verfassungsrechtliche Bedenken: Änderung des Grundgesetzes

C) Eigene Meinung und Schluss:

  I) Starke rechtliche Bedenken, somit kein verpflichtendes soziales Jahr, trotz der Ergebnisse aus der zitierten Umfrage; Selbstbestimmung muss Priorität haben
  (Diese Aussage greift die aus der Sicht der Autorin stärksten Argumente nochmals auf und stellt sie als eigene Meinung in einen neuen Zusammenhang, nämlich den der Betonung, dass es nicht sinnvoll ist, ein verpflichtendes soziales Jahr einzuführen.)

  II) Bezug zur Schule und den guten Erfahrungen in der freiwilligen sozialen Arbeit

8. Musteraufsatz

Unsere Schule, das traditionsreiche St.-Maria-Gymnasium in Prien, ist seit vielen Jahrzehnten in der Stadt für ihr soziales Engagement bekannt. Viele von uns engagieren sich für Migrationskinder, indem sie Hausaufgaben oder Patenschaften für behinderte Schülerinnen und Schüler übernehmen. Auch ist unser Schulfest mit seiner Tombola für soziale Zwecke sowie andere soziale Veranstaltungen über die Stadtgrenzen hinaus bekannt. Es ist deshalb sehr erfreulich, dass nun auch ein Buch über unser soziales Engagement entstehen soll. So bekommen auch andere Schulen die Möglichkeit, sich durch unsere Aktivitäten inspirieren zu lassen. Nicht zuletzt hat auch die Politik die Frage nach einem sozialen Engagement neu befeuert, da Frau Kramp-Karrenbauer im Bundestag die Idee eingebracht hat, für alle Schulabgänger ein verpflichtendes soziales Jahr einzuführen. Als eine Schule, bei der fast jeder eine Erfahrung im sozialen Bereich macht, ist es natürlich selbstverständlich, dass wir uns in unserem Buch dazu äußern und unseren Leserinnen und Lesern auf diese Weise auch eine Hilfe für das anstehende Betriebspraktikum oder das Jahr nach dem Abitur geben wollen. Viele Schülerinnen und Schüler kennen die Vorteile des sozialen Engagements. Aber muss es das verpflichtende soziale Jahr sein?
Laut einer Umfrage des Marktforschungsinstituts Appinio aus dem Jahr 2018 (Material 6) sprechen sich zunächst 45 % aller jungen Deutschen für ein verpflichtendes soziales Jahr aus. Ein solches Jahr würde also

eine breite Zustimmung in der jungen Bevölkerung finden. Dagegen steht die relativ geringe Zahl von 29 % aller jungen Deutschen, die sich für einen Wehr- bzw. Zivildienst nur für Männer aussprechen würden. Die Vorteile, die auch diejenigen von uns, die eine soziale Tätigkeit bereits ausgeübt haben, kennen, liegen klar auf der Hand: Man hat das Gefühl, etwas Gutes getan, Menschen geholfen und einen Betrag zur Bereicherung des Lebens anderer geleistet zu haben.
Für die Schulabgänger könnte das bedeuten, dass sie in Altersheimen den alten Menschen helfen, ihre Einsamkeit zu lindern. Jeder von uns weiß, wie überlastet das Pflegesystem ist, wie wenig Zeit sich die Pfleger für die Menschen nehmen können, wie viel Zwischenmenschliches auf der Strecke bleibt. Viele Pflegerinnen und Pfleger beklagen, dass sie weder den Patienten noch den Senioren noch den Familienangehörigen in schwierigen Situationen beistehen können, weil sie neben der körperlichen Pflege keine Zeit haben, mit den Menschen, die sie betreuen, zu sprechen. Ein verpflichtendes soziales Jahr könnte hier Abhilfe schaffen und die Praktikanten könnten mit den Senioren oder Patienten z. B. Spiele spielen, ihnen vorlesen oder mit ihnen spazieren gehen, was für alle Beteiligten mit Sicherheit ein Gewinn wäre. (Material 1 und 2)
Der Sozialverband VdK beklagt allerdings, dass „eine soziale Dienstpflicht nach dem Vorschlag von CDU-Generalsekretärin Annegret Kramp-Karrenbauer" nicht den Pflegnotstand lösen werde. (Material 1) Praktikanten können keine Pflegekräfte ersetzen. Sie sind außerdem nicht im Stande, schwierige Gespräche mit Senioren, Patienten und deren Angehörigen zu führen, weil sie dafür nicht ausgebildet sind. Der VdK möchte stattdessen, dass die Freiwilligendienste gefördert werden, und meint damit wohl auch die finanzielle Stärkung dieser Dienste. Schließlich muss auch ein Freiwilliger sein Essen und seine Unterkunft bezahlen.
Neben diesen ganz praktischen Problemen stellt natürlich ein verpflichtendes soziales Jahr einen erheblichen Eingriff in die persönliche Lebensplanung dar. Viele junge Menschen möchten nach dem Abitur ins Ausland gehen, die Welt kennenlernen und sich selbst ausprobieren, um dann die für einen selbst richtige Berufsausbildung zu finden. Wenn das nicht möglich ist, weil man ein Jahr durch einen verpflichtenden Dienst verliert, dann werden viele vielleicht das Studium abbrechen oder mehrfach ändern, weil die Selbstfindung nicht in dem Maße stattfinden konnte, wie sie zuvor möglich war.
Nicht zuletzt ist dieses Grundrecht auf freie Entfaltung und Berufsausübung in der Vergangenheit bereits ausgehebelt worden. Zur Zeit der Naziherrschaft gab es den „Reichsarbeitsdienst", den alle Frauen und Männer ableisten mussten. Diese Erfahrung sowie die Erfahrung anderer Zwangsarbeit während der Naziherrschaft hat die Gründungsväter der Bundesrepublik Deutschland dazu veranlasst, den Artikel 12 des Grundgesetzes zu erschaffen: „Alle Deutschen haben das Recht, Beruf, Arbeitsplatz und Ausbildungsstätte frei zu wählen [...]. Zwangsarbeit ist nur bei einer gerichtlich angeordneten Freiheitsentziehung zulässig." Eine Ausnahme sind nur der Wehr- und der Ersatzdienst (Material 6). Ein verpflichtendes soziales Jahr würde nicht darunterfallen. Damit dieses eingeführt werden könnte, bräuchte es eine 2/3-Mehrheit im Bundestag zur Änderung des Grundgesetzes. Dass diese in dieser Frage zustande käme, ist wohl kaum zu erwarten.
Aufgrund der verfassungsrechtlichen Bedenken bin ich der Meinung, dass ein verpflichtendes soziales Jahr auf keinen Fall eingeführt werden sollte. Nichts ist wichtiger als die uns per Grundgesetz garantierten Grundrechte, wozu auch das Recht auf freie Berufswahl gehört. Nichtsdestotrotz bin ich der Meinung, dass man sich sozial engagieren sollte, dies aber immer auf freiwilliger Basis geschehen muss. Genauso wie es bei uns an der Schule der Fall ist.

2.1.3 Zuletzt kommt der Feinschliff – eine antithetische Erörterung überarbeiten

Seite 32

1.–4. Individuelle Schülerlösung

Seite 33

5. ja, ja, nein, nein, ja

6. Individuelle Schülerlösung

7. Die Überleitung im 1. Text ist besser gelungen, weil sie inhaltlich ist. Die Überleitung im 2. Text ist eine reine Darstellung dessen, was du als Nächstes machen möchtest, eine Aussage ohne inhaltlichen Mehrwert, wohingegen im 1. Text das Argument direkt genannt wird. Die Verbindung zum zuvor Geschriebenen geschieht im Satz durch das Wort „allerdings", was einen Gegensatz zum vorherigen Inhalt anzeigt. Das Wort „Pflegenotstand" ist im 1. Text ebenfalls wichtig, da hier in einem Wort zusammengefasst wird, was anhand von Beispielen im Absatz davor dargestellt worden ist, nämlich dass sich Praktikanten mit den Senioren beschäftigen müssen, weil professionelle Pflegekräfte dafür keine Zeit haben. Somit haben wir es hier mit mehreren inhaltlichen Überleitungen zu tun, im Gegensatz zu den formalen im 2. Text.

Seite 34

8. Individuelle Schülerlösung, Beispiel:
Laut einer Umfrage des Marktforschungsinstituts Appinio aus dem Jahr 2018 (Material 6) sprechen sich 45 % aller jungen Deutschen für ein verpflichtendes soziales Jahr aus.

9. Laut einer Umfrage des Marktforschungsinstituts Appinio aus dem Jahr 2018 (Material 6) sprechen sich 45 % aller jungen Deutschen für ein verpflichtendes soziales Jahr aus. 29 % aus dieser Gruppe befürworten dagegen einen Wehr- bzw. Zivildienst nur für Männer. Es verwundert nicht, dass ein verpflichtendes soziales Jahr eine so große Zustimmung erfährt. Jeder von uns, der eine soziale Tätigkeit bereits ausgeübt hat, kennt das gute Gefühl, wenn man einen Beitrag zur Bereicherung des Lebens anderer geleistet hat.

10. Individuelle Schülerlösung

Seite 35

11. richtig, falsch, falsch, richtig, falsch

12. Individuelle Schülerlösung

2.1.4 Endspurt auf der Zielgeraden – in Bestform für die Schulaufgabe

Seite 36

Musteraufsatz

Mögliche Gliederung für einen Aufsatz, der Autor vertritt die Meinung, dass Elektroautos wenig Vorteile gegenüber Verbrennungsmotoren bringen.

A) Geschichte des Autos als eines der wichtigsten Fortbewegungsmittel: Moderne Antriebe und die Umweltpolitik
B) Vor- und Nachteile der E-Mobilität
  I) Vorteile
    1. Subventionen beim Kauf und Bevorrechtigungen im Straßenverkehr
    2. Kein CO_2-Ausstoß bei der Fahrt
  II) Nachteile
    1. CO_2-Rucksack durch Batteriezellen-Produktion baut sich ab, ab 50.000 gefahrenen Kilometern bei Kleinwagen positive Bilanz. Bei größeren erst ab 100.000
    2. Batterien als Sondermüll
    3. Prekäre Arbeitsbedingungen bei der Förderung von seltenen Erden, die für die Batterie-Produktion notwendig sind.
C) Empfehlung: Abraten von einem E-Auto, Umstieg auf öffentliche Verkehrsmittel oder Fahrrad.

Als Carl Benz Anfang des 20. Jahrhunderts seine ersten Autos mit Verbrennungsmotoren entwickelte, hätte er wohl nie gedacht, dass eben dieser Verbrennungsmotor ein Erfolgsmodell der Fortbewegung für die kommenden 100 Jahre sein wird. Diese Motoren haben sich als Fluch und Segen zugleich erwiesen, denn sie revolutionierten die Fortbewegung und machten Pferdekarren gänzlich unnötig, trugen aber auch im großen Maße zu einer enormen Umweltzerstörung bei. Erst durch die Diskussionen der letzten zwei Jahrzehnte über den Klimawandel setzt ein Umdenken ein. Das Auto verliert einerseits an Stellenwert, andererseits wird an modernen, weniger umweltschädlichen Antrieben geforscht. So gehört auch der Elektromotor zu den heute weit verbreiteten alternativen Antrieben bei Fahrzeugen.
Die Vorteile eines solchen Elektromotors liegen klar auf der Hand: In Deutschland erhält jeder, der ein E-Auto mit einem Kaufpreis bis zu 60.000 Euro kauft, eine Subvention von 4000 Euro. Außerdem zahlt eine Privatperson keine Steuer auf den Besitz eines Elektroautos. (Material 5) Auch zahlreiche Vorteile im Straßenverkehr wie das kostenlose Parken während des Ladevorgangs (Material 4) sollen alle, die sich ein Auto neu anschaffen wollen, dazu verlocken, zu einem Elektroauto zu greifen.
Schließlich spricht neben den Subventionen, die beim Kauf eines neuen Fahrzeugs in Deutschland gezahlt werden, auch die Tatsache, dass ein solches Auto weder CO_2 noch Feinstaub beim Fahren ausstößt für einen solchen Kauf. Saubere Autos bedeuten saubere Städte und eine saubere Luft sowie mehr Lebensqualität für alle Bewohner.
Dennoch ist das E-Auto nicht so sauber, wie es auf den ersten Blick erscheint. Die Batteriezellenproduktion ist mit hohen CO_2-Emissionen verbunden. Das Elektroauto hat von Anfang an einen hohen, sogenannten CO_2-Rucksack, den es gilt, im Laufe der Lebenszeit abzubauen. Wie lange dieser Rucksack sich bemerkbar macht, hängt dabei ganz von dem Auto selbst und von der Fahrleistung ab. Während ein Kleinwagen bereits nach 50.000 km eine ausgeglichene CO_2-Bilanz hat, so ist die CO_2-Bilanz eines größeren Autos erst bei 100.000 ausgeglichen. Das liegt daran, dass größere Autos eine größere Batterie brauchen, für die mehr CO_2 bei der Herstellung angefallen ist. Man muss also ein Auto, je nach Größe, unter Umständen sehr lange fahren, um eine positive CO_2-Bilanz zu erhalten. (Material 2)
Die Batterien bergen aber noch ein anderes Umweltproblem. Sie sind bei der Entsorgung als Sondermüll zu betrachten und die benötigten Rohstoffe für deren Herstellung werden häufig unter prekären Umständen gewonnen und sind zudem sehr selten. Außerdem müssen die Akkus wieder entsorgt werden, da man diese nicht unendlich aufladen kann. Doch wohin damit? Sie können nicht wie normale Autobatterien entsorgt werden. (Material 3)
Angesichts Probleme rate ich persönlich von dem Kauf eines Elektroautos ab. Wenn man der Umwelt etwas Gutes tun möchte, dann sollte man zu den öffentlichen Verkehrsmitteln greifen, Fahrrad fahren oder kurze Strecken zu Fuß gehen. Wenn es dann doch ein Auto sein soll, so muss man sich im Klaren sein, dass es ein umweltfreundliches Auto nicht gibt. Selbst wenn man den Wasserstoff-Antrieb in Betracht zieht, so fällt auch hier CO_2 bei der Produktion an. Die Herstellung des Wasserstoffs ist jedoch mit deutlich weniger Umwelt- und Sozialproblemen verbunden als die von den Batterien.

2.2 Einen Kommentar verfassen

2.2.1 Immer gut vorbereitet – einen Kommentar vorbereiten: die Stoffsammlung

Seite 40

1. Individuelle Schülerlösung

Seite 42

2. Individuelle Schülerlösung (denkbar wären)

Pro: Für die Durchführung des Turniers als eSport-Event	**Kontra:** Gegen die Durchführung des Turniers als eSport-Event
- Gemeinschaftserlebnis trotz Corona-Pandemie - Sportlicher Charakter des eSports durch notwendige Präzision - Klarer Wettkampfcharakter (nicht nur Spiel) - Begeisterung vieler Jugendlicher für Computerspiele und eSport	- Ohnehin hoher Computerkonsum während der Pandemie sollte nicht noch schulisch gefördert werden - Verminderte Bewegung an der frischen Luft wird durch eSport-Event weiter zurückgefahren - eSport hat generell keinen gesundheitlichen Aspekt (fehlende Bewegung) - Kinder und Jugendliche sollten im schulischen Umfeld mit den klassischen Sportarten vertraut gemacht werden.

3. Individuelle Schülerlösung

Seite 43

4. Individuelle Schülerlösung

5. Individuelle Schülerlösung oder frei gewähltes Argument aus der jeweils anderen Spalte der aufgeführten Tabelle aus Aufgabe 2

2.2.2 Jetzt bist du dran – einen Kommentar schreiben

1. Individuelle Schülerlösung, Beispiele:
eSport-Events durchführen
Die Zukunft des Präzisionssports
Ein Sport ohne Bewegung – Geht's noch?
eSport-Events verhindern – Wir sind so schon alle zu dick!

Seite 44

2. Individuelle Schülerlösung:
Beispiel für ein Argument gegen eSport-Events

Behauptung (1)	**Begründung (2)**	**Beispiel (3)**
eSport-Events in der Schule befördern die ohnehin negative Entwicklung des Bewegungsmangels	Dies geschieht vor allem, weil wir dadurch die Kinder wider besseres Wissen an den Bildschirm fesseln.	Ein Schüler, der am Vormittag Distanzunterricht hat, bewegt sich nur noch vom Bett in die Küche, ins Bad und an den Schreibtisch. Bei eSport-Events entsteht dann noch weniger Bewegung.

3. Individuelle Schülerlösung, Tipp:
Häufig wirkt in einem Kommentar ein Argument überzeugender, das mit dem Beispiel beginnt. Das muss nicht immer so sein, funktioniert aber meist gut. Hier ein Beispiel:
Seit über einem Jahr sind Sportplätze leer, Turnhallen verwaist und Vereinsgaststätten ohne Besucher. Was den meisten Menschen so sehr fehlt, ist die Gemeinschaft mit anderen Menschen, da der Mensch nun einmal ein Gemeinschaftswesen ist – von der kleinen Familie bis hin zur Fankurve – wir brauchen Menschen um uns. Daher ist es für unsere Schulgemeinschaft elementar wichtig, ein virtuelles Gemeinschaftserlebnis aus der Taufe zu heben, das nicht nur Unterricht beinhaltet. Ein eSport-Event für die Schule wäre die Chance.

Seite 45

4.

Rhetorisches Mittel	Textbeispiel	Wirkung
Parallelismus (syntaktisch gleicher Satzbau)	*eSport ist kein Sport. Man sitzt und drückt auf Knöpfchen. Die Mehrheit der Deutschen sieht das ganz ähnlich.*	Logische Schlussfolgerung
Parataxe (Reihung von Hauptsätzen)	*eSport ist eine Sache der Präzision. Man muss voll konzentriert sein. Zocken sieht anders aus.*	Klare Darstellung von (vermeintlich) objektiv richtigem Sachverhalt
Asyndeton (unverbundene Aneinanderreihung)	*eSport macht dick, macht einsam, ist unnötig.*	Ballung von knappen Argumenten
Anapher (Wiederholung eines Wortes am Satzanfang)	*eSport heißt trainieren. eSport heißt Wettkampf. eSport heißt Leistung bringen.*	Betonung von zentralem Aspekt
Ellipse (Satz ohne Verb)	*Wenn Sport, dann mit Bewegung.*	Stark reduzierte Begründung, die dadurch besonders treffend erscheint
Metapher (Bildhafter Ausdruck)	*eSport ist Wasser auf den Mühlen der Trägheit.*	Bildhaftigkeit regt Vorstellungskraft des Lesers an (Kopfkino).
Vergleich	*eSport ist wie Schach, nur mit moderner Technik.*	Bezugnahme auf Bekanntes
Rhetorische Frage (Frage, auf die keine Antwort erwartet wird.)	*Wie kann man im Jahr 2021 noch gegen eSport sein?*	Regt Leserschaft zum Nachdenken an. Bringt Aussage zugespitzt auf den Punkt.
Ironie (Das Gegenteil des Gesagten ist gemeint.)	*Natürlich werden wir durch eSport alle fett und einsam, so viel steht fest.*	Verstärkung der Aussage durch Formulierung des Gegenteils
Hyperbel (Übertreibung)	*Wer agile junge Menschen will, darf sie nicht vor dem Bildschirm versauern lassen.*	Dramatisiert einen Sachverhalt und stellt ihn damit als besonders wichtig heraus
Neologismus (Wortneuschöpfung)	*eSport erschafft Unsportlichkeitsweltmeister.*	Neues, ungewöhnliches Wort bleibt stärker im Gedächtnis

5. **Musteraufsatz**

Pro eSport-Event
eSport-Event durchführen: Präzisionssport für das 21. Jahrhundert
Seit einem Jahr Corona, seit einem Jahr immer wieder Lockdown. Es fehlt an Gemeinschaftserlebnissen in der Schule jenseits von Unterricht und Pauken. Wir brauchen ein Ereignis, bei dem der Spaß und die Schulfamilie im Zentrum stehen, etwas, von dem bei all den Unannehmlichkeiten der letzten zwölf Monate angenehme Erinnerungen zurückbleiben.
Das von der SMV geplante eSport-Event wäre hier genau das Richtige: Viele junge Menschen treffen sich im virtuellen Raum, nur diesmal nicht, um eine Videokonferenz Unterricht zu durchleben, sondern um sich beim fairen und hochanspruchsvollen elektronischen Wettkampf zu messen. eSport, etwa in Form von Mannschaftsspielen wie FIFA 20, ist wie Schach, nur mit moderner Technik. Gemeinsam kämpft man mit seinem Team, gemeinsam gewinnt oder verliert man – nur eben: gemeinsam. Das ist es, was der Schule aktuell so fehlt.
Natürlich gibt es Stimmen, die nicht müde werden, uns eintrichtern zu wollen, eSport sei nichts anderes als „Zocken" und führe dazu, dass die jungen Menschen verfetten und vereinsamt vor dem Bildschirm sitzen. Nichts wäre falscher. Wenn dem so wäre, müssten alle Kinder und Jugendlichen nach Corona und den endlosen Videokonferenzen in der Schule wesentlich dicker und vereinsamter sein als nach all den vorangegangenen eSport-Events, an denen sie jemals teilgenommen haben. eSport heißt Gemeinschaft, eSport heißt Wettkampf, eSport heißt Leistung bringen. Warum wollen wir uns als Schulfamilie diese Chance entgehen lassen?

2.2.3 Zuletzt kommt der Feinschliff – einen Kommentar überarbeiten

Seite 46

1. Individuelle Schülerlösung

2. *Totaler Müll*: besser: überhaupt nicht mehr zeitgemäß
Coole Moves: Besser: gezielter Taktik und Präzision als Team
Vom Platz fegen: Besser: sich mit Gegnern zu messen, die ebenfalls täglich trainieren und damit einem selbst spieltechnisch auf Augenhöhe begegnen.
mal zum Joggen gehen: Besser: Für die Gesundheit und die Kondition ist es auch besser, regelmäßig zum Joggen oder Schwimmen zu gehen, ganz abgesehen von dem viel geringeren Verletzungsrisiko.

Seite 47

3., 4. Individuelle Schülerlösungen, siehe Musteraufsatz

3.1 Einen informierenden Text auf Materialbasis verfassen

3.1.1 Immer gut vorbereitet – einen materialgestützten informierenden Text vorbereiten

Seite 50

1.

Aspekte	Antwort
Thema des Textes	Autonomes Fahren
Ziel des Textes	Begriffsdefinition, Überblick über Entwicklungsstand und Akzeptanz, Darstellung von ethischen und moralischen Problemen
Textsorte und Erscheinungsort	Informierender Text, Schulhomepage
Adressatenkreis	Besucher der Schulhomepage
Redaktionelle Vorgaben	ca. 300 Wörter

2. - Realisierte Funktionen beim autonomen Fahren?
- Wann ist das im normalen Verkehr erlaubt?
- Mögliche Gefahren?

Seite 51

3. Individuelle Schülerlösung

4. Individuelle Schülerlösung, Beispiel
Definition: Welche Funktionen beinhaltet es?
aktuelle Entwicklung: Welchen Stand hat es derzeit?
Akzeptanz: Wie weit entwickelt, wann erlaubt?
Wer kauft es?
ethische Fragen: mögliche Gefahren

5. **M1**: *beantwortet:* realisierte Funktionen allgemein
weitere Fragen: Zuverlässigkeit der Technik
M2: *beantwortet:* wie weit entwickelt, wann erlaubt
weitere Fragen: Zusammenspiel Technik – Fahrer
M3: *beantwortet*: realisierte Funktionen
weitere Fragen: Abgrenzungen
M4: *beantwortet:* Akzeptanz einzelner Funktionen
weitere Fragen: Vorteile
M5: *beantwortet*: mögliche Gefahren
weitere Fragen: rechtliche Fragen, ethische Fragen

Seite 57

6. Individuelle Schülerlösung

7.

Thematischer Aspekt	Information/Leitfrage
Definition „autonomes Fahren“	- selbstständige, zielgerichtete Fortbewegung eines Autos mit Hilfe von Sensoren, Aktoren und Mikroprozessorsystemen - 5 Stufen: assistiert, teilautomatisiert, hochautomatisiert, vollautomatisiert, autonom
Aktueller Entwicklungsstand	- in Deutschland nur bis hochautomatisiertes Fahren zugelassen - Teststrecken zum Beispiel auf der Autobahn A9 in Bayern, andere Teststrecken geplant
Akzeptanz der Technik	- Vorteile vor allem für Menschen mit Behinderung - andere Vorteile wie Routenplanung von Mehrheit akzeptiert
Ethische und moralische Probleme	- vor allem beim vollautomatisierten und autonomen Fahren - moralisches Dilemma zwischen Schutz von Leben und unvermeidbaren Opfern - Ethikkommission erarbeitet Regeln

Seite 58

8. Auswahl auf Basis der individuellen Schülerlösung/ Ergänzungen in Tabelle zu Aufgabe 7

9. *autonom* – eigenständig, selbstbestimmt, unabhängig
redundant – doppelt, mehrfach, reichlich vorhanden
Ethik – Lehre vom moralischen Handeln des Menschen
Dilemma – Zwangsentscheidung zwischen zwei gleich schwierigen Möglichkeiten

10.

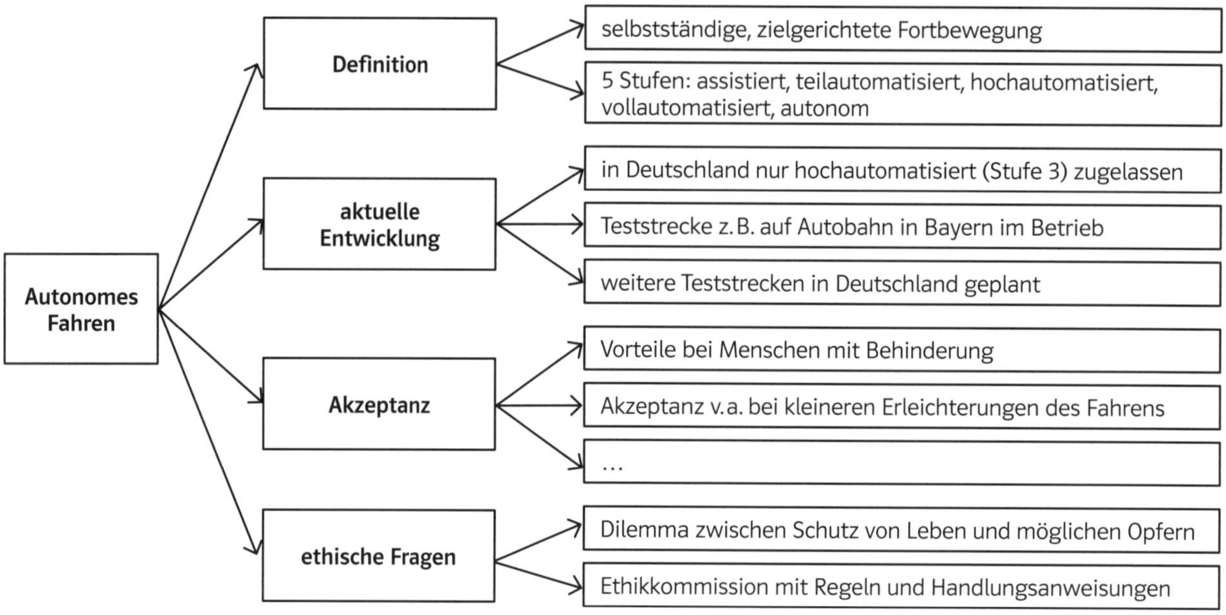

Seite 59

11. **Material 1:** Das Automobil bezeichnet ja schon ein sich selbstständig fortbewegendes Fahrzeug, ohne dass es von außen sichtbar geschoben oder gezogen wird. Für das autonome Fahren musste der Begriff erweitert und präzisiert werden.
Material 2: Beim hochautomatisierten Fahren nimmt das Auto dem Fahrer viele Tätigkeiten ab, der aber diese immer noch übernehmen kann. Problematisch ist, dass der Fahrer beim Fahren in der Stufe 3 seine Aufmerksamkeit nicht mehr dem Verkehr widmet, weil er ja als Fahrer nicht gefordert ist.
Material 5: Aus ethischer Sicht steht die Frage im Mittelpunkt, was passieren würde, wenn eine absehbare Situation beeinflusst würde.

3.1.2 Jetzt bist du dran – einen materialgestützten informierenden Text schreiben

Seite 60

1. **Musteraufsatz (296 Wörter)**

Da der Begriff Automobil ja schon das selbstständige Fahren eines Fahrzeugs ausdrückt, wird er erweitert, um die aktuellen Entwicklungen ausdrücken zu können. So spricht man vom autonomen Fahren, wenn sich das Fahrzeug selbstständig mithilfe von Sensoren, Aktoren, Kameras und Computersystemen fortbewegt. Es werden dabei 5 Stufen unterschieden: assistiertes Fahren, teilautomatisiertes Fahren, hochautomatisiertes Fahren, vollautomatisiertes Fahren und das eigentliche autonome Fahren.
In Deutschland ist aktuell maximal das hochautomatisierte Fahren erlaubt, bei dem der Fahrer bei Bedarf zum Eingreifen aufgefordert wird. Das Fahrzeug ist in der Lage, z.B. eigenständig zu blinken und die Spur zu wechseln, aber nicht die meiste Zeit selbstständig zu fahren. In mehreren Bundesländern existieren Teststrecken oder sind geplant, auf denen das autonome Fahren und seine einzelnen Funktionen getestet werden.
Das autonome Fahren ist vor allem in Bereichen akzeptiert, wo es das Fahren erleichtert oder bei einer körperlichen Beeinträchtigung überhaupt erst ermöglicht. Eine Mehrheit der Bevölkerung wünscht nicht nur ein entspanntes, flüssigeres Fahren, sondern würde auch die Möglichkeit nutzen, sich während der Fahrt anderweitig zu beschäftigen.
Hier beginnt bereits die Schwierigkeit. Denn das Fahrzeug kann in Situationen kommen, in denen es selbstständig Entscheidungen treffen muss, von denen möglicherweise keine einen positiven Ausgang hat. So können im Straßenverkehr Situationen entstehen, bei denen es zu Todesopfern kommen wird, wie auch immer das Fahrzeug entscheidet, auszuweichen oder auch nicht. Die Frage, die auch in den Medien großes Interesse hervorgerufen hat, ist ein klassisches Dilemma. Wie viele und welche Todesopfer man hier in Kauf nehmen kann, kann nicht einfach entschieden werden. Denn jedes Leben ist wertvoll und kann aus ethischer Sicht nicht gegen andere aufgewogen werden. Um solche schwierigen Fragen nicht der Entscheidung eines Programmierers zu überlassen, hat die Ethikkommission der deutschen Bundesregierung erstmalig 20 Regeln entwickelt, die bei der Programmierung und Entwicklung von autonomen Fahrzeugen zu beachten sind.

3.1.3 Zuletzt kommt der Feinschliff – einen materialgestützten informierenden Text überarbeiten

Seite 61

1./2. Individuelle Schülerlösung

3.1.4 Endspurt auf der Zielgeraden – in Bestform für die Schulaufgabe

Musteraufsatz (445 Wörter)

Der Begriff der „Fake News" ist spätestens seit dem ehemaligen US-Präsidenten Donald Trump einer breiten Bevölkerungsschicht bekannt. Bei Fake News handelt es sich um unwahre Behauptungen, die in der Gestalt von Nachrichten in Umlauf gebracht werden, um einen politischen oder wirtschaftlichen Gewinn daraus zu erzielen. Dabei gibt es drei unterschiedliche Formen: Zum einen geht es um Nachrichten, durch die einem Thema mehr Aufmerksamkeit geschenkt wird, als es in Wirklichkeit verdient hätte. Nicht das Thema ist hier falsch, sondern die erzeugte, angebliche Wichtigkeit. Darüber hinaus gibt es die klassische Propaganda, die den politischen Gegner schlecht aussehen lassen soll, indem man wahre und unwahre Behauptungen vermischt.
Eine absichtliche Desinformation liegt vor, wenn Nachrichten frei erfunden werden. Ziel ist es, die Menschen dazu zu bringen, dass sie die Nachrichten anklicken und weiterverbreiten, da hier oft schon durch einen Klick Geld verdient wird.
Die Präsidentschaft von Donald Trump hat gezeigt, welchen Einfluss Fake News auf die öffentliche Meinung bekommen können.
Studien zeigen, dass Schülerinnen und Schüler sehr anfällig für Fake News sind und diese oft nicht von echten Nachrichten unterscheiden können. Dabei spielt auch die Zeit eine Rolle, die Jugendliche sich mit Handy und Computer beschäftigen und dabei online unterwegs sind. Mit Projekten und Vorträgen in Schulen wird versucht, die Schülerinnern und Schüler zu sensibilisieren und ihnen beizubringen, wie sie Fake News erkennen können. Medienkunde ist an deutschen Schulen kaum verbreitet und wird meist nur in Workshops oder Vorträgen vermittelt. Sinnvoll wäre die Einführung eines Fachs Medienkunde, wie es Experten seit längerem fordern. Auch wenn in der Selbsteinschätzung einer Studie die Hälfte der Befragten angibt, dass sie Falschnachrichten sehr sicher erkennen können, besteht hier noch deutliches Handlungspotenzial. Denn knapp über 50 Prozent haben gleichzeitig geäußert, dass sie fast täglich mit Fake News konfrontiert werden.
Die bewusste und kritische Analyse von Informationen bildet mittlerweile eine der Kernkompetenzen, die Schülerinnen und Schüler auf ihrem Weg zum Erwachsenen benötigen, um sich in der heutigen Informationsgesellschaft zurechtzufinden.
Mit vier Schritten kann man lernen, die Informationen zu finden, die man benötigt, und sie gleichzeitig einzuschätzen:
Zunächst gilt es, die Quelle der Information zu bestimmen. Dazu sollte man den Autor überprüfen, inwieweit er beeinflusst ist. Auch unvollständige Angaben im Impressum wären ein erster Hinweis, ob es sich um Fake News handeln könnte.
Bei einem Thema lohnt auch der Blick auf andere Seiten, wie der Aspekt dort dargestellt wird. Eine ähnliche Darstellung und ein identischer Text gelten hier als erste Hinweise.
Auch kann es sich lohnen, zu überprüfen, ob eingebettete Bilder in einem ganz anderen Zusammenhang verwendet werden.
Suchmaschinen verfügen auch über eine Möglichkeit, die Anzeige von Ergebnissen einzuschränken im Hinblick auf ihr Erscheinungsdatum.
Werden Schülerinnen und Schüler in allen Jahrgangsstufen durch eine altersgerechte Vermittlung in solchen Problemfeldern geschult, können sie schließlich die nötige Medienkompetenz erreichen.

Schreibtipp

Richtig Zitieren

Fremde Texte kann man in den eigenen Text einfügen, um z. B. einem Argument mehr Stärke zu verleihen (vgl. auch Seite 12 dieses Heftes). Es gibt **direkte** und **indirekte** Zitate. Bei den **direkten** Zitaten übernimmt man den Originaltext Wort für Wort in den eigenen Text und markiert die Stelle mit Anführungszeichen. Bei den **indirekten** Zitaten handelt es sich um sinngemäße Übernahmen aus fremden Texten, die nicht Wort für Wort übernommen werden. Bei **wörtlichen** Zitaten müssen Veränderungen in der Grammatik oder Auslassungen mit eckigen Klammern gekennzeichnet werden: z. B. [...].
Bei jeglicher Art von Zitaten muss die **Quelle** angegeben werden. Schreibe die Quellenangabe an die Stelle, wo sie sinnvoll ist. In der Schulaufgabe sind die Materialien durchnummeriert. Als Quellenangabe reicht also z. B. (M3) oder (Material 3).

5. **Kannst du jetzt richtig zitieren? Kreuze die richtigen Antworten an.**

Aussagen	**Ja**	**Nein**
Ein direktes Zitat erkennt man an den Anführungs- und Ausführungszeichen.	☐	☐
Beim indirekten Zitat gibt man den Text sinngemäß wieder.	☐	☐
Beim direkten Zitat muss man keine Quelle angeben, nur beim indirekten.	☐	☐
Bei allen Zitaten muss man die Zeilenangabe aufschreiben.	☐	☐
Wird ein Zitat nicht vollständig wiedergegeben, sondern Textpassagen oder einzelne Wörter weggelassen, verwendet man eckige Klammern und drei Auslassungspunkte.	☐	☐

6. **Lies zunächst die beiden Textausschnitte aus den Aufsätzen zweier Schülerinnen aus der 9a des St.-Maria-Gymnasiums.**

Überleitungen gelingen auch, wenn du die Reihenfolge der Themen veränderst.

Text 1: Der Aufsatz von Sarah

Ein verpflichtendes soziales Jahr könnte hier Abhilfe schaffen und die Praktikanten könnten mit den Senioren oder Patienten z. B. Spiele spielen, ihnen vorlesen oder mit ihnen spazieren gehen, was für alle Beteiligten mit Sicherheit ein Gewinn wäre. (Material 1 und 2)
Der Sozialverband VdK beklagt allerdings, dass „eine soziale Dienstpflicht nach dem Vorschlag von CDU-Generalsekretärin Annegret Kramp-Karrenbauer" nicht den Pflegenotstand lösen werde.

Text 2: Der Aufsatz von Theresa

Wenn das nicht möglich ist, weil man ein Jahr durch einen verpflichtenden Dienst verliert, dann werden viele vielleicht das Studium abbrechen oder mehrfach ändern, weil die Selbstfindung nicht in dem Maße stattfinden kann, wie sie zuvor möglich war.
Als weiteres Argument bringt der Sozialverband VdK die Kritik an, dass „eine soziale Dienstpflicht nach dem Vorschlag von CDU-Generalsekretärin Annegret Kramp-Karrenbauer" nicht den Pflegenotstand lösen werde.

7. **Beschreibe, wie es den beiden gelingt, in ihren Texten eine Überleitung zu schaffen. Arbeite auf einem Extrablatt.**

8. Schreibe nun deine eigene inhaltliche Überleitung zwischen der Einleitung und dem 1. Argument zu dem folgenden Textteil von Sarah.

Als eine Schule, bei der fast jeder Schüler eine Erfahrung im sozialen Bereich macht, ist es natürlich selbstverständlich, dass wir uns in unserem Buch auch dazu äußern und unseren Lesern damit auch eine Hilfe für das anstehende Betriebspraktikum oder das Jahr nach dem Abitur geben wollen. Viele Schülerinnen und Schüler kennen die Vorteile des sozialen Engagements. Aber muss es das verpflichtende soziale Jahr sein?

Mein erstes Argument habe ich aus einer Umfrage des Marktforschungsinstituts Appinio aus dem Jahr 2018 (Material 6) entnommen. Diese Umfrage besagt, dass sich 45 % aller jungen Deutschen für ein verpflichtendes soziales Jahr aussprechen. Darin steht auch geschrieben, dass ein solches Jahr viele gut finden würden. Diese Umfrage sagt auch, dass 29 % aller jungen Deutschen, einen Wehr- bzw. Zivildienst nur für Männer gut fänden. Ich möchte nun auf die Vorteile kommen, die ein solches soziales Engagement mit sich bringt. Diese Vorteile kennt auch jeder von uns, der eine soziale Tätigkeit bereits ausgeübt hat. Man hat ein gutes Gefühl, etwas Gutes getan zu haben, Menschen geholfen zu haben, einen Beitrag zur Bereicherung des Lebens anderer geleistet zu haben.

9. Verbessere den zweiten Absatz des Textes stilistisch. Streiche zunächst die Stellen an, die dir nicht gefallen, und formuliere sie um, indem du vor allem formale Übergänge zum nächsten Satz durch inhaltliche Übergänge ersetzt.

10. Überarbeite nun deine antithetische Erörterung weiter. Untersuche dazu **der Reihe nach** (nicht gleichzeitig) mithilfe der Arbeitstechnik Textlupe die folgenden Punkte deines Aufsatzes:

A Prüfung auf formale Elemente
- Habe ich mehr und gewichtigere Argumente in der These, die meine Meinung widerspiegelt, als in der Gegenthese?
- Sind die Argumente in der **These aufsteigend aufgebaut**?
- Sind die Argumente in der **Gegenthese absteigend aufgebaut**?
- Sind die **Überleitungen** zwischen den Argumenten und den einzelnen Aufsatzteilen fließend?

B Prüfung auf inhaltliche Elemente
- Ist die **Auswahl** der Argumente aus den Materialien so, dass das Thema aus unterschiedlichen Gesichtspunkten beleuchtet wird?
- Werden die Informationen aus den **Bildern** und **Grafiken** in den Aufsatz aufgenommen?
- Ist mindestens **ein eigenes Argument** im Aufsatz vorhanden?
- Habe ich nur zusammengefasst oder tatsächlich einen neuen Inhalt geschaffen?
- Habe ich den roten Faden konsequent verfolgt?
- Orientiert sich die Auswahl der Argumente an den Interessen der Zielgruppe?
- Wurde am **Schluss** eine Empfehlung ausgesprochen? Ist die Empfehlung aufgrund der Wahl der Informationen aus den Materialien nachvollziehbar?

11. Der Schluss deiner Erörterung stellt das Resultat deines Aufsatzes dar. Kreuze zunächst an, welche Aussagen zum Schluss richtig oder falsch sind.

Aussagen	Richtig	Falsch
Man sollte am Schluss ein Fazit ziehen, das die entscheidenden Argumente berücksichtigt.	☐	☐
Man sollte am Schluss auch noch neue Argumente aufführen.	☐	☐
Es wäre gut, wenn man am Schluss noch eine überraschende Entscheidung aufführt.	☐	☐
Am Ende des Aufsatzes solle eine Forderung oder eine sinnvolle Lösung stehen, die sich aus dem vorhergehenden Verlauf der Argumentation ergibt.	☐	☐
Man sollte am Schluss nochmals alles wiederholen, was man bereits gesagt hat.	☐	☐

12. Überprüfe mithilfe des Lösungsheftes, welche der Aussagen richtig sind. Entscheide jetzt, ob der Schlussteil deiner Erörterung noch überarbeitet werden muss. Wenn ja, dann schreibe deinen Schluss hier auf.

2.1.4 Endspurt auf der Zielgeraden – in Bestform für die Schulaufgabe

Wenn du den Schulaufgabentrainer bis hierher durchgearbeitet hast, ist ein großer Schritt in Richtung gelungener Schulaufgabe getan. Die folgende Aufgabe bietet dir die Möglichkeit, das Gelernte abschließend zu üben. Diese Aufgabenstellung ist in einer Schulaufgabe denkbar.

Aufgabenstellung:

Die Redaktion einer Umwelt-Zeitschrift ist auf dich aufmerksam geworden, weil du einen Umwelt-Blog auf der Webseite deiner Schule betreibst. Da diese Umwelt-Zeitschrift daran interessiert ist, Nachwuchstalente zu fördern und sie in dir ein großes Potenzial sieht, bist du von der Redaktion gebeten worden, einen Artikel zu den Vor- und Nachteilen von Elektroautos zu schreiben. Deine Recherchen haben als Ergebnisse die folgenden Materialien hervorgebracht.
Schreibe den Artikel und sprich am Ende eine Empfehlung für oder gegen den Kauf von Elektroautos aus.

Material 1

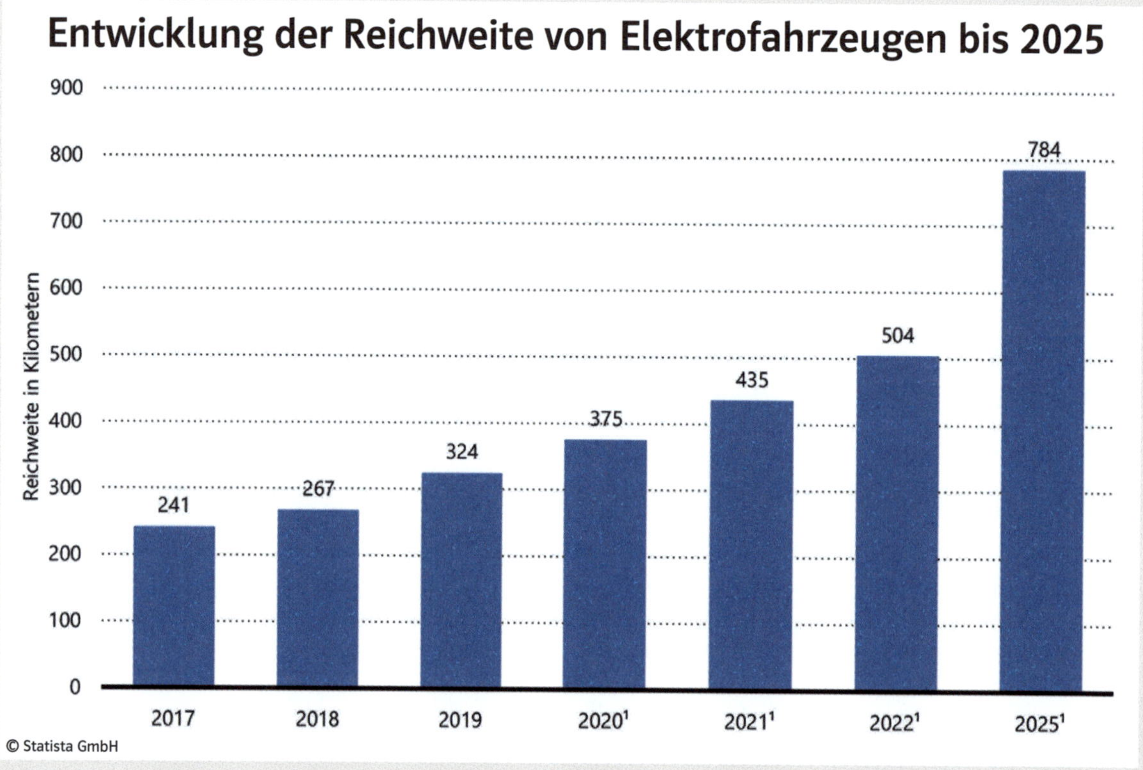

Material 2

Pro & Kontra: Fakten zur Elektromobilität

Bei der Lebenszyklus-Analyse kommen die CO_2-Emissionen, die bei der Produktion des jeweiligen Fahrzeugs anfallen, noch hinzu. Hier zeigt sich, dass das Elektroauto einen CO_2-Rucksack mit ins Leben schleppt, der deutlich größer ist als der von Autos mit einem Verbrennungsmotor. Schuld daran hat die energieaufwendige Produktion der Batteriezellen. Im Fahrbetrieb baut das Elektroauto den Rucksack ab – je sauberer der Betriebsstrom hergestellt wird, umso schneller. Die CO_2-Bilanz des ADAC ergibt, dass der CO_2-Nachteil von Batterieautos ab Fahrleistungen von 50 000 bis 100 000 Kilometern ausgeglichen wird.

Material 3

Elektroauto-Batterien benötigen knappe Rohstoffe

Die Batterien sind gleich aus mehreren Gründen problematisch. Zum einen beinhalten sie Rohstoffe wie Lithium und Kobalt – die weltweiten Reserven dieser Materialen sind jedoch begrenzt. Beide sind auch aus anderen Gründen umstritten: Der Abbau von Lithium aus Minen benötigt extrem viel Wasser und ist mit hohen Umweltbelastungen verbunden, alternativ kann der Rohstoff auch aus Seen mit hohem Lithium-Vorkommen gewonnen werden. Bei Kobalt (das auch in Smartphones steckt) stehen vor allem – aber nicht nur – die Abbaubedingungen in der Kritik, die oft mit Kinderarbeit einhergehen. [...]

Das nächste Problem entsteht, wenn das Elektroauto einmal ausgedient hat. Was passiert dann mit dem Akku und den Fahrzeugteilen?

Schon jetzt sind weltweit mehrere Millionen Elektroautos unterwegs, Tendenz steigend. Jedes dieser Autos fährt eine mehrere hundert Kilogramm schwere Batterie mit sich herum. Zwar sind die Batterien relativ langlebig: Der Akku eines Elektroautos sollte nach acht Jahren noch mindestens 80 Prozent seiner Leistungsfähigkeit besitzen. Unendlich oft aufladen lassen sich aber auch diese Mega-Batterien nicht – früher oder später müssen auch sie entsorgt werden. Leider ist das nicht so leicht, wie eine normale Autobatterie zu entsorgen.

Lange Zeit hatten selbst hochentwickelte Recycling-Verfahren Schwierigkeiten damit, reines Lithium wiederzugewinnen. Glücklicherweise hat sich inzwischen einiges getan: Laut Fraunhofer-Institut hat sich zumindest das Recycling von kleinen Lithium-Ionen-Akkus bereits etabliert, und es existieren auch Unternehmen, die Akkus von E-Autos recyceln. In der Praxis kann auch das Lithium zurückgewonnen werden. [...]

Material 4

Auszug aus dem Elektromobilitätsgesetz (EmoG)

(4) Bevorrechtigungen[1] sind möglich

1. für das Parken auf öffentlichen Straßen oder Wegen [z. B. kostenloses Parken während des Ladevorgangs an Parkplätzen mit Ladesäulen]
2. bei der Nutzung von für besondere Zwecke bestimmten öffentlichen Straßen oder Wegen oder Teilen von diesen [z. B. Bus- oder Taxispuren]
3. durch das Zulassen von Ausnahmen von Zufahrtbeschränkungen oder Durchfahrtverboten
4. im Hinblick auf das Erheben von Gebühren für das Parken auf öffentlichen Straßen oder Wegen. [Parkgebühren können komplett oder teilweise entfallen bzw. geringer ausfallen]

Material 5

Steuerbegünstigungen bei Elektroautos

In Deutschland, wie in vielen anderen europäischen Ländern, gibt es eine ganze Reihe von Subventionen für Käufer und Besitzer von Elektroautos. Eine Subvention für den Kauf von Nicht-Premium-Autos (mit dem Preis unter 60.000 EUR) beträgt 4.000 EUR für Elektroautos und 3.000 EUR für Hybridfahrzeuge. Für Privatpersonen gibt es keine Steuer auf den Besitz eines Elektroautos, bei Hybridautos hängt es von ihrem CO_2-Ausstoß ab.

1 Bevorrechtigung: Vorteil

Basiswissen

Einen Kommentar auf Materialbasis verfassen

Was ist ein Kommentar?

Ein Kommentar ist eine journalistische Textsorte, in der der Autor zu einem bestimmten Thema **argumentierend und wertend Stellung** nimmt. Das sind in der Regel aktuelle Themen aus Politik, Kultur und Wirtschaft. Dabei werden die bereits vorliegenden Informationen – meist aus den anderen Artikeln zum gleichen Thema – **ergänzt** und **interpretiert.** Ziel ist weniger die Information der Leserschaft, sondern die **Meinungsbildung.** So kann es zu demselben Thema häufig gegensätzliche Kommentare geben. Aus diesem Grund kann ein Kommentar **argumentative Teile** enthalten, darf aber auch **begeistert loben bzw. kritisieren.** Um den eigenen Standpunkt zu einem Thema im Kommentar subjektiv zuzuspitzen, verwendet der Kommentar eine **Vielzahl von Stilmitteln, eine anschauliche und bildhafte Sprache** sowie eine **prägnante**, teilweise auch provozierende **Überschrift**.

Was musst du wissen?

1 Um deinen Kommentar nachvollziehbar und überzeugend darstellen zu können, musst du das **zu Grunde liegende Thema durchdrungen und verstanden** haben.

2 Nachdem du das Thema kennst, ist es wichtig, dass du dir eine **klare Meinung** zum vorliegenden Sachverhalt gebildet hast. Es gibt immer Argumente für und gegen eine Sache. Kläre deswegen im Vorfeld, welche Position du einnimmst.

3 Ein Kommentar ist keine Erörterung in Kurzform. Er unterscheidet sich von einem vorwiegend sachlich orientierten argumentierenden Text durch bestimmte Merkmale. Diese Merkmale sind:
- **prägnante und zugespitzte Formulierungen** durch Stilmittel wie Ironie, Polemik
- eine **Vielzahl rhetorischer Mittel**, wie Parallelismen, Parataxen und Aufzählungen
- Anschaulichkeit durch **bildhafte Sprache**

Alle diese sprachlichen Mittel dienen dazu, die Aussage des Kommentars und damit die Meinung des Autors zu verstärken.

Wie gehst du vor?

Beim Schreiben eines Kommentars musst du diese drei Schritte berücksichtigen:

1. Vorbereiten und Planen

- Erschließe dir zunächst alle relevanten Informationen zum jeweiligen Thema, indem du das beiliegende **Material gründlich auswertest.**
- Kläre den eigenen Standpunkt und **sammle Informationen**, die deine Position stützen, z. B. in einer **Mindmap** oder **Tabelle.**
- Berücksichtige dabei auch die **Argumente, die gegen deine Sichtweise** vorgetragen werden können. Notiere sie knapp, denn zu einem gelungenen Kommentar gehört auch die **Entwertung eines Gegenarguments.**

- Überlege dir bereits in der Stoffsammlung, **in welcher Reihenfolge** du deine Argumente anordnen möchtest. Hier gilt wie in der klassischen Erörterung, dass die **Argumente** hinsichtlich ihrer Überzeugungskraft **steigernd angeordnet** werden.
- Notiere zudem, welche **rhetorischen Mittel** du in welchem Argument verwenden willst. Überlege dir bereits zu Beginn der Arbeit am Kommentar **prägnante Formulierungen** für deine Argumente sowie eine **passende Überschrift**.

2. Schreiben

- Ein Kommentar ist nicht an eine bestimmte **äußere Form gebunden**. Damit man ihn besser lesen und nachvollziehen kann, müssen jedoch nach den einzelnen Sinnabschnitten **Absätze** den Text strukturieren.
- Anzahl und Umfang der Argumente sind in einem Kommentar nicht festgelegt. Wenn es die Aufgabenstellung nicht anders angibt, sollten **mindestens zwei überzeugende Argumente** aufgeführt werden.
- Die Sprache in einem Kommentar ist **sachlich**, die Subjektivität der **eigenen Meinung** kann jedoch durch eine **zugespitzte** und damit **weniger sachliche Sprache** verstärkt zum Ausdruck gebracht werden.
- Als Tempus wird in der Regel das **Präsens** verwendet. Vergangenes kann im Präteritum sowie im Perfekt wiedergegeben werden.
- Anders als in der stärker formalisierten Erörterung darfst du in einem Kommentar **freier zitieren** („nach … xy" oder „wie in xyz zu lesen war"). Berufe dich aber immer auch auf Quellen, die du zur Information herangezogen hast.
- Vergiss nie, den Kommentar mit einer **aussagekräftigen Überschrift** und **deinem Namen** zu versehen. Die vertretene Meinung muss der jeweiligen Person zugeordnet werden können.

3. Überarbeiten

- Prüfe, **ob dein Kommentar inhaltlich fundiert ist**.
  - Gibt es Stellen, die man leicht widerlegen könnte?
  - Falls ja, schreibe diese um.
- Überprüfe, ob die **Sprache** deines Kommentars tatsächlich **zugespitzt und prägnant** ist.
  - Wurden die Argumente durch **rhetorische Mittel** stilistisch verstärkt?
  - Versteht das Gegenüber genau, was ich meine?
- Überprüfe **Rechtschreibung** und **Grammatik**.
- Nutze zur Überprüfung auch die Arbeitstechnik der **Textlupe**.

2.2 Einen Kommentar verfassen

2.2.1 Immer gut vorbereitet – einen Kommentar vorbereiten: die Stoffsammlung

Während der Corona-Pandemie ist der persönliche Kontakt mit deinen Mitschülerinnen und Mitschülern stark eingeschränkt gewesen. Das Interesse an Computerspielen steigerte sich in dieser Zeit noch weiter, da es kaum Möglichkeiten gab, sich zu beschäftigen. Gaming und eSport erfreuen sich generell größter Beliebtheit, sind jedoch nicht unumstritten. Die SMV (SchülerMitVerantwortung) eurer Schule hat vorgeschlagen, das jährliche Fußballturnier aller Klassen wegen der Hygienebestimmungen als eSport-Event auszurichten. Dieser Vorschlag muss nun von der Schulleitung entschieden werden. Im Forum der Schulhomepage wird der Vorschlag der SMV ebenfalls heftig diskutiert, auch deine Meinung ist gefragt.

Überlege, ob du
a) dich als Mitglied der SMV in einem Kommentar, der im Blog der Schulhomepage erscheinen soll, für die Durchführung des eSport-Events aussprechen möchtest, oder
b) in einem Kommentar auf der Schulhomepage vor einem solchen Event warnen möchtest.

1. Sichte vor der Festlegung deines Standpunktes das Material und markiere wichtige Aspekte.

Material 1

Definition „eSport“
eSport ist der unmittelbare Wettkampf zwischen menschlichen Spieler/-innen unter Nutzung von geeigneten Video- und Computerspielen an verschiedenen Geräten und auf digitalen Plattformen unter festgelegten Regeln. Der Vergleich der sportlichen Leistung im eSport bestimmt sich aus dem Zusammenwirken einer zielgerichteten Bedienung der Eingabegeräte in direkter Reaktion auf den dargestellten Spielablauf bei gleichzeitiger taktischer Beherrschung des übergreifenden Spielgeschehens. Bezugsobjekt der sportlichen Tätigkeit sind Videospiele, die in ihrem Aufbau und ihrer Wirkungsweise den Anforderungen an die sportliche Leistungsermittlung genügen, den Spielerfolg nicht überwiegend dem Zufall überlassen und einen reproduzierbaren Spielrahmen zum Vergleich der Leistung zwischen den Spieler/-innen bieten. […] Es muss unterschieden werden zwischen Gaming (dem freizeitmäßigen Gebrauch von Videospielen, mit und ohne Mehrspielerfunktion), dem Competitive Gaming (dem freizeitmäßigen und erholungsorientieren Mehrspielerwettbewerb) und dem eSport (dem sportlichen Gebrauch von Videospielen). eSport lässt sich als teilweise unter das Gaming und das Competitive Gaming fassen, grenzt sich aber durch gesonderte strukturelle Merkmale als Sportart von beiden übergeordneten Bereichen ab.
eSport bedarf eines Wettkampfes, der durch die Gleichzeitigkeit des Wettkampfes geprägt ist – es spielen Menschen gegen Menschen. Abzugrenzen ist der sportwettkampfmäßige eSport darum generell vom Spiel des Menschen gegen Computerprogramme (sogenannte Bots) und vom zeitversetzten Leistungsvergleich (z. B. Vergleich erreichter Punkte oder eines Highscores über eine Rangliste). […] Insbesondere vor dem Hintergrund des Sportbegriffes des organisierten Sportes bedarf die Auslegung des Elements des Sportwettkampfes die genaue Bestimmung der sportlichen Leistung. […] Die körperliche Ebene ist hier vor allem durch außerordentliche Präzision bei der koordinierten Bedienung des Eingabegerätes in einer meist hohen Frequenz geprägt. Dabei ist ein Bewegungsablauf zu beobachten, der weit über die üblichen und alltäglichen Tastatur- oder Controller-Bewegungen hinausgeht. Es entsteht eine eigenmotorische Betätigung mit keinem anderen Zweck als der Beherrschung des Spielgeschehens, die dem persönlichen Können entspringt und davon maßgeblich gestaltet ist. eSport ist demnach als Präzisionssportart zu verstehen. […]

Material 2

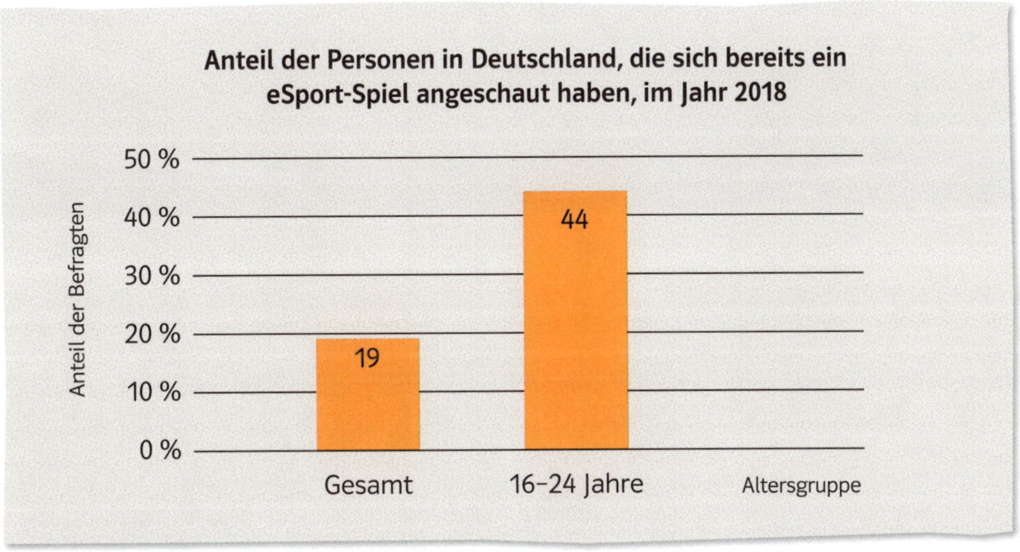

Material 3

Das Leben eines deutschen eSportlers

16 Stunden Training am Tag – ein eSport-Profi berichtet

Eine Karriere als eSportler besteht nicht nur aus „zocken". Das beweist der deutsche Profi Fabian „Exileh" Schubert. Der deutsche League of Legends (LoL) Spieler spricht von langen Trainingstagen, die ihm kaum noch Zeit für seine Freunde lassen. Dabei sagt er selbst: „Wenn ich das nicht mache, würde ich mich schlecht fühlen."

Im Interview mit kicker eSport sprach der Deutsche vom Team Unicorns of Love über seinen Tagesablauf: „Wir verbringen acht Stunden am Tag mit Scrims und Besprechungen." Sogenannte Scrims sind Übungsspiele gegen andere Profi-Teams, in denen die Mannschaften neue Taktiken testen und die eigenen Fähigkeiten weiterentwickeln. ‚Exileh' sagt zwar selbst, dass die Spieler danach machen dürfen, was sie wollen.

Die Realität sieht aber anders aus: „Die meisten Spieler sind so diszipliniert, dass sie in ihrer Freizeit auch noch die restlichen acht Stunden trainieren und dann acht Stunden schlafen." Das wären insgesamt 16 Stunden, die ein Profi täglich in die Weiterentwicklung der eigenen Fertigkeiten steckt, um auf dem Topniveau antreten zu können.

Keine Zeit für Freunde

Neben dem ganzen Training bleibt kaum eine freie Minute für etwas anderes. Wenn sich ‚Exileh' aber mal vom Bildschirm löst, dann „gehe ich ins Fitnessstudio, Joggen oder telefoniere mit meiner Familie." Der deutsche Profi sagt aber auch: „Mit Freunden treffe ich mich überhaupt nicht mehr." Sogar an seinem einen freien Tag in der Woche spielt der eSport-Profi hin und wieder mal eine Partie LoL mit seinen Kumpels und unterhält sich währenddessen mit ihnen. Doch so hart sich der Alltag eines eSportlers auch anhört, ‚Exileh' würde es gar nicht anders wollen: „Ich will mich einfach auf LoL konzentrieren. Ich würde mich schlecht fühlen, wenn ich das nicht machen würde und wenn ich weiß, dass ich nicht mein Bestes gegeben habe."

Material 4

eSport-Event

2. Sammle zunächst in nachfolgender Tabelle alle Argumente, die für (pro) bzw. gegen (kontra) eine Durchführung des Fußballturniers als eSport-Event sprechen.

Pro: Für die Durchführung des Turniers als eSport-Event	**Kontra:** Gegen die Durchführung des Turniers als eSport-Event

3. Entscheide dich nun, welche Position du vertreten möchtest.

4. Wähle zwei bis drei Argumente aus, die dir am überzeugendsten erscheinen und die du daher auch verwenden möchtest. Achte dabei auf eine steigernde Anordnung.

1. ______________________________

____

2. ______________________________

____

3. ______________________________

____

In einem Kommentar ist es immer wichtig, ein Argument der Gegenseite aufzugreifen und zu entkräften.

5. Notiere ein Argument der Gegenseite, das du widerlegen kannst. Beachte, dass dein Kommentar umso überzeugender wirkt, je gewichtiger das Argument ist, das du widerlegst.

Zu widerlegendes Argument der Gegenseite: ______________________________

____

2.2.2 Jetzt bist du dran – einen Kommentar schreiben

Schreibtipp

Die Überschrift – der „Eyecatcher" für die Leser

Um die Überschrift deines Kommentars besonders treffend zu gestalten, eignen sich unter anderem folgende Möglichkeiten:

- **Nominalisierung des Kernthemas mit Infinitiv** kombinieren: z. B. *eSport-Event durchführen.* Von Vorteil ist eine solche **Überschrift,** um eine **begründende Information** zu ergänzen: z. B. *Der Tod des wahren Sports: eSport-Event verhindern!*
- **Rhetorische Frage**: z. B. *Was ist eigentlich so schlimm daran, einen Präzisionssport zu betreiben?*
- **Verknappte Grundthese des Kommentars:** z. B. *eSport ist die Zukunft oder eSport ist kein Sport*

Du solltest dir bereits zu Beginn des Schreibprozesses Gedanken über die Überschrift machen. Festlegen musst du dich jedoch erst am Ende.

1. Formuliere erste Ideen für eine Überschrift zu deinem Kommentar für bzw. gegen das eSport-Event.

____

____

____

____

____

____

____

Schreibtipp

Kreativer Umgang mit dem 3B-Schema

Aus der Erörterung kennst du schon das sogenannte 3B-Schema. Es besagt, dass du dich in deiner Argumentation an die Reihenfolge von **B**ehauptung, **B**egründung und **B**eispiel halten sollst. In einem Kommentar ist das **nicht zwingend notwendig**. So kannst du ein Argument auch mit einem Beispiel beginnen und erst danach die Behauptung und die Begründung anbringen, wenn sich daraus ein **argumentativer Vorteil** ergibt.

2. Trage in die Tabelle die Behauptung, Begründung und das Beispiel deines ersten Arguments ein.

Behauptung (1)	Begründung (2)	Beispiel (3)

3. Lies dir die einzelnen Teile in unterschiedlicher Reihenfolge selbst vor. Welche Variante wirkt für dich am überzeugendsten? Begründe.

Ich habe mich für folgende Reihenfolge entschieden ______, weil ______

______

Schreibtipp

Stilistik – das Herzstück des Kommentars

Jeder Kommentar steht und fällt mit seiner **stilistischen** (den Stil betreffenden) **Ausarbeitung**. Es gibt eine Vielzahl an rhetorischen Mitteln, die man für einen Kommentar verwenden kann, um unterschiedliche Wirkungen bei der Leserschaft zu erreichen.

4. Notiere in die freie Spalte, welche sprachlich-stilistische Wirkung durch das verwendete Stilmittel erzielt wird.

Rhetorisches Mittel	Textbeispiel	Wirkung
Parallelismus (syntaktisch gleicher Satzbau)	eSport ist kein Sport. Man sitzt und drückt auf Knöpfchen. Die Mehrheit der Deutschen sieht das ganz ähnlich.	
Parataxe (Reihung von Hauptsätzen)	eSport ist eine Sache der Präzision. Man muss voll konzentriert sein. Zocken sieht anders aus.	
Asyndeton (unverbundene Aneinanderreihung)	eSport macht dick, macht einsam, ist unnötig.	
Anapher (Wiederholung eines Wortes am Satzanfang)	eSport heißt trainieren. eSport heißt Wettkampf. eSport heißt Leistung bringen.	
Ellipse (Satz ohne Verb)	Wenn Sport, dann mit Bewegung.	
Metapher (bildhafter Ausdruck)	eSport ist Wasser auf den Mühlen der Trägheit.	
Vergleich	eSport ist wie Schach, nur mit moderner Technik.	
Rhetorische Frage (Frage, auf die keine Antwort erwartet wird.)	Wie kann man im Jahr 2021 noch gegen eSport sein?	
Ironie (Das Gegenteil des Gesagten ist gemeint.)	Natürlich werden wir durch eSport alle fett und einsam, so viel steht fest.	
Hyperbel (Übertreibung)	Wer agile junge Menschen will, darf sie nicht vor dem Bildschirm versauern lassen.	
Neologismus (Wortneuschöpfung)	eSport erschafft Unsportlichkeits-weltmeister.	

5. Verfasse nun einen Kommentar für bzw. gegen die Durchführung des schulischen Fußballturniers als eSport-Event. Arbeite auf einem Extrablatt.

2.2.3 Zuletzt kommt der Feinschliff – einen Kommentar überarbeiten

1. Überprüfe nun deinen Kommentar mithilfe der Checkliste.

Checkliste

Checkliste zum Überarbeiten eines Kommentars

Kriterium	+	o	–
Formales: Enthält dein Kommentar …			
✔ … eine prägnante und aussagekräftige Überschrift?	☐	☐	☐
✔ … die Nennung deines Namens als Autor?	☐	☐	☐
✔ … mindestens zwei überzeugende Argumente?	☐	☐	☐
✔ … die Entwertung eines Gegenarguments?	☐	☐	☐
✔ … sinnvoll die Inhalte der Materialien?	☐	☐	☐
Aufbau			
✔ Sind die Argumente in einer steigernden Folge aufgebaut?	☐	☐	☐
✔ Wurde das 3B-Schema in der richtigen Art und Weise variiert?	☐	☐	☐
✔ Wurde das Gegenargument an einer sinnvollen Stelle entwertet?	☐	☐	☐
Sprache			
✔ Wurde eine prägnante und subjektiv gefärbte Sprache verwendet?	☐	☐	☐
✔ Wurden in hohem Maße rhetorische Mittel zur Anwendung gebracht?	☐	☐	☐
✔ Wurden die Regeln der Rechtschreibung und Grammatik beachtet?	☐	☐	☐

2. Zu viel des Guten? – Peter wollte in seinem Aufsatz besonders prägnant formulieren. Dabei ist er jedoch manchmal über das Ziel hinausgeschossen. Unterstreiche in seinem Argument die Elemente, die unsachlich und damit wenig überzeugend wirken. Verbessere sie in der Spalte daneben.

Peters Aufsatz	Deine Verbesserung
eSports sind für mich die absolute Zukunft. Mannschaftssport in der Realität hingegen totaler Müll. Wer will im Jahr 2020 noch in kurzen Hosen über den Platz rennen, wenn man mit coolen Moves in FIFA 20 den Gegner vom Platz fegen kann? Gerade der hohe Grad an Präzision und vernetztem Denken, der in diesem Spiel zwischen einem selbst und den Mitspielern verlangt wird, ist absolut fordernd und mit dem „Kicken“ auf dem Rasen nicht ansatzweise vergleichbar. Dann lieber mal zum Joggen gehen für die Kondition, aber richtigen Fußball überlassen wir dann lieber den Profis – oder uns selbst auf dem digitalen Platz!	

Schreibtipp

Den Schluss des Kommentars gestalten

Ein Kommentar endet meist damit, dass du deine Meinung nochmals treffend auf den Punkt bringst. Dazu kannst du den **Dreischritt *Resümee-Meinung-Pointe*** verwenden. Das Resümee fasst die genannten Aspekte in einem kurzen Satz zusammen, die Meinung nennt nochmals deinen Standpunkt und die Pointe sorgt dafür, dass diese Meinung der Leserschaft noch lange im Gedächtnis bleibt.

3. Ergänze den Schluss des Kommentars. Nutze dazu den Schreibtipp.

Präzisionssportarten hatten und haben ihren berechtigten Platz in der Landschaft des Sportes: Schießen, Curling und auch Schach sind hochanspruchsvolle Sportarten, zu denen auch eSport zählen kann. Fest steht allerdings, dass die körperliche Bewegung an der frischen Luft und der Austausch mit Menschen im realen Raum zwei wichtige Aspekte sind, die eSport nicht ansatzweise abzubilden vermag. Es gilt daher klar festzuhalten, dass ... } Resümee

____

____________________ } Meinung

____

____

____________________ } Pointe

____

4. Vergleiche nun deinen Kommentar mit der Musterlösung im Lösungsheft.
- Ist dort etwas besser gelungen?
- Was könntest du davon in deinen eigenen Kommentar übernehmen?

Mache dir zunächst kurze Notizen dazu und überarbeite dann deinen Kommentar.

3 Materialgestütztes informierendes Schreiben

Basiswissen

Einen informierenden Text auf Materialbasis verfassen

Was ist ein materialgestützter informierender Text?

Ein materialgestützter informierender Text wird zu einem **bestimmten Thema** oder **Sachverhalt** geschrieben. Aus der Aufgabenstellung kannst du verschiedene Teilaspekte entnehmen, die für die Ausgestaltung des Textes wichtig sind. Neben dem **Thema** erhältst du meist Hinweise zum **Anlass des Textes** (z. B. im Rahmen eines Projekttags), zum **Adressatenkreis** (z. B. Besucher einer schulischen Veranstaltung, Eltern), zum **Erscheinungsort** des Textes (z. B. Schülerzeitung, Flyer, Jahresbericht) und zur **inhaltlichen Ausgestaltung** (z. B. Schwerpunkte oder wichtige Aspekte der Darstellung).

Was musst du wissen?

Die zur Verfügung stehenden Materialien, deine eigenen Kenntnisse und dein Vorwissen sollen sich bei der Planung eines informierenden Textes ergänzen. Die Sachkenntnis, die du aus beidem gewinnst, ermöglicht dir, einen bestimmten Adressatenkreis auf Basis des Schreibanlasses zu informieren.

1 Erfassen der Aufgabenstellung

- Welche Vorgaben sind in der Aufgabenstellung enthalten in Bezug auf **Anlass, Thema, Unterthemen, Adressatenkreis, Erscheinungsort** des Textes und **Umfang**?
- Gibt es in der Aufgabenstellung weitere Vorgaben, z. B. die **inhaltliche Struktur**?
- Was interessiert **dich selbst** an dem Thema? Formuliere dazu Fragen.
- Welches **Vorwissen** haben die Adressaten, also die Leserinnen und Leser des Textes? Welche Fragen könnten sie zu dem Thema haben?
- Welche **Teilaspekte** ergeben sich aus dem Thema, die im Text behandelt werden sollten?

2 Sammeln der Informationen und Auswerten des Materials

- Welches **Vorwissen** hast du selbst in Bezug auf das Thema?
- Welche wichtigen Informationen finden sich im Material außerdem? Nutze dazu geeignete **Lesetechniken** beim Erschließen des Materials.
- Kannst du die **Fragen** und **Leitfragen** beantworten?
- Hast du alle wichtigen **Informationen stichpunktartig** notiert? Hast du alle **Fachbegriffe** notiert und geklärt, die du verwenden willst?
- Hast du alle Materialien auf ihre **Seriosität** und **Ergiebigkeit** geprüft? Verwende keine unseriösen Quellen.

3 Ordnen der Informationen

- Einen Überblick über zusammengehörige Informationen einzelner Aspekte bekommst du mit einer **Mindmap**.
- Eine (zeitliche) Abfolge von Ereignissen kannst du mit einer **Zeitleiste** darstellen.
- Viele ähnliche Informationen kannst du übersichtlich in einer **Tabelle** auflisten.

4 Anlegen eines Schreibplans

- Lege die **Reihenfolge der Unterthemen und Teilaspekte** für den Hauptteil fest.
- Ordne die Informationen den **Unterthemen und Teilaspekten** zu.
- Formuliere die einzelnen Punkte **knapp** und **aussagekräftig** in Stichpunkten,
- Notiere Gedanken für die **Einleitung** und den **Schluss.**
- Achte darauf, dass der Aufbau in sich stimmig ist (**roter Faden**).

Wie gehst du vor?

Achte beim Verfassen eines informierenden Textes auf die folgenden Punkte. Orientiere dich dabei an deinem Schreibplan:

1. Vorbereiten und Planen

Verfasse zuerst die Einleitung und den Schluss:

- Überprüfe, ob die **Aufgabenstellung** bestimmte Aspekte für die Einleitung (und den Schluss) vorgibt.
- Berücksichtige bei den Aspekten für die Einleitung und den Schluss das **Vorwissen** oder die **Interessen**, die die Adressaten haben könnten.
- Die Einleitung kann auch an eine allgemein bekannte Situation anknüpfen.
- Überprüfe, ob die **Einleitung** zu den **Schwerpunkten des Hauptteils** passt.
- Der **Schluss** kann die **Schwerpunkte des Hauptteils** noch einmal verdeutlichen und auch einen **Ausblick** auf die Zukunft enthalten.

2. Schreiben

- Orientiere dich am **Schreibplan** und an den **Vorgaben der Aufgabenstellung**.
- Achte auf den **roten Faden**. Dieser wird durch die zusammenhängende Anordnung der Punkte und entsprechende Formulierungen (z.B. Konjunktionen) hergestellt.
- Gib die Informationen mit der **geeigneten Technik** (z.B. eigenständige Formulierung von Inhalten, direkte und indirekte Redewiedergabe) wieder. Verwende **Zitate nur**, wenn sie **unbedingt notwendig** sind.
- Achte darauf, die Informationen aus **Grafiken**, **Tabellen** und **Bildern** korrekt wiederzugeben.
- Verwende **Fachbegriffe**, wo sie nötig sind, und erkläre sie, wenn sie nicht allgemein bekannt sind.

3. Überarbeiten

Überprüfe,

- ob der **rote Faden** erkennbar ist. Überarbeite, wenn nötig, Formulierungen und Überleitungen.
- ob du die Vorgaben zu **Struktur** und **Umfang** eingehalten hast.
- ob du alle **Aspekte der Aufgabenstellung** berücksichtigt hast.
- dass du **keine Informationen** aus den Materialien **abgeschrieben** bzw. als **Zitate** gekennzeichnet hast.
- die **Rechtschreibung** und **Grammatik.**

3.1 Einen informierenden Text auf Materialbasis verfassen

3.1.1 Immer gut vorbereitet – einen materialgestützten informierenden Text vorbereiten

Aufgabenstellung:
Unter dem Motto „Technologien mit Zukunft" findet an eurer Schule ein naturwissenschaftlicher Projekttag statt, bei dem nicht nur Zukunftstechnologien vorgestellt, sondern auch kritisch im Hinblick auf ihre ethische Dimension beleuchtet werden sollen. Begleitend zum Projekttag sollen die Ergebnisse auf der Homepage der Schule präsentiert werden.
Dein Auftrag dabei ist, das Thema „Autonomes Fahren" vorzustellen und einen informierenden Text für die Homepage zu verfassen. Verwende dazu die folgenden Materialien (1 bis 5) und dein eigenes Wissen.
Inhaltliche Schwerpunkte in deinem Text sollten sein:
- Definition des Begriffs
- Aktueller Entwicklungsstand
- Akzeptanz der Technik
- Ethische und moralische Probleme

Der Umfang des Textes soll ca. 300 Wörter betragen.

1. Untersuche zunächst die Vorgaben der Aufgabenstellung. Fülle die Tabelle aus.

Aspekte	Antwort
Thema des Textes	Autonomes fahren
Ziel des Textes	Vorstellung des Themas mit Zukunftstechnologie und kritisch im Hinblick auf ethische Dimensionen
Textsorte und Erscheinungsort	informierender Text Homepage Schule
Adressatenkreis	Schüler Erwachsene
Redaktionelle Vorgaben	Schwerpunkte ca. 300 Wörter

2. Was interessiert dich an dem Thema? Notiere mindestens drei Fragen in Stichpunkten.

gefährlich
Wann erlaubt
Welche Vorteile

3. Frage die Mitglieder deiner Familie oder deine Freunde, was sie an dem Thema interessiert. Ergänze deine Fragen, falls du etwas davon übernehmen willst.

4. Ordne deine Fragen den Bereichen der Mindmap zu.

Wann erstellt
↔ wie funktioniert

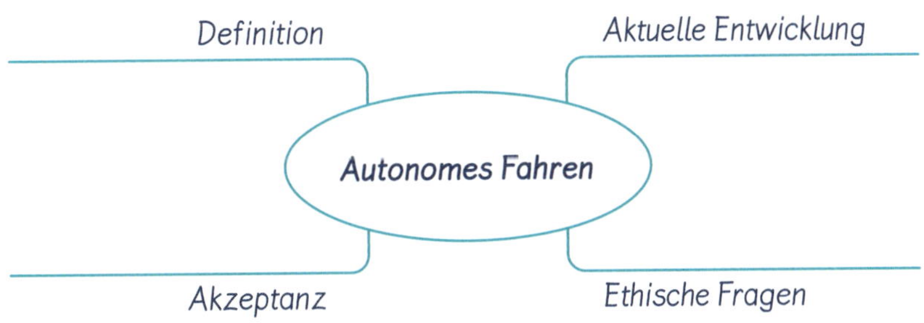

wer kauft so etwas

welche Vorteile, gefahren

5. In den folgenden Materialien (1 bis 5) auf den Seiten 52 bis 56 findest du Informationen, die dir helfen können, die Leitfragen zu beantworten.
- Nutze die Lesetechnik diagonales Lesen (Anlesen, Überfliegen des Textes) und notiere zu jedem Material, welche Fragen damit beantwortet werden können.
- Notiere weitere Fragen, die sich daraus ergeben können.

Material 1: Definition wie funktioniert ✓

Material 2: Entwicklung konkret Deutschland

Material 3: Aktuelle Entwicklung

Material 4: Akzeptanz Ethische Fragen

Material 5: Ethische Fragen

Material 1

Alles zur Zukunft der Mobilität

von Volker Johanning

Schon seit Beginn des letzten Jahrzehnts arbeiten sowohl Automobilhersteller als auch deren Zulieferer an der Realisierung des automatisierten Fahrens. Weltweit wurden bereits zahlreiche Testfahrzeuge mit unterschiedlichen Assistenzsystemen auf eigens dafür geschaffenen Erprobungsarealen getestet und haben zum Teil auch schon – entsprechend gekennzeichnet – am realen Straßenverkehr teilgenommen. Dennoch können Hersteller dem Autokunden nur vage prognostizieren, wann der Komfort selbstfahrender Fahrzeuge für jedermann selbstverständlicher Bestandteil des mobilen Alltags sein wird.

Autonomes Fahren – eine Definition

Während der Begriff „Automobil" bereits die selbstständige Fortbewegung eines Vehikels ohne Ziehen oder Schieben durch Personen oder Tiere beschreibt, präzisiert das selbstfahrende Fahrzeug den Autonomiebegriff und führt ihn in eine neue Dimension. Autonome Fahrzeuge bewegen sich durch das Zusammenwirken von Mikroprozessorsystemen, Sensoren und Aktoren selbstständig zielgerichtet fort.

Autonomes Fahren – Die Technik

Um autonomes Fahren zu ermöglichen, sind eine Vielzahl technischer Herausforderungen zu meistern.

- Videokameras liefern reale Bilder der Umgebung mit Straße, Verkehrszeichen und anderen Verkehrsteilnehmern. Außerdem helfen sie dem autonomen System, die Entfernung zu Objekten richtig einzuschätzen. Autonome Fahrzeuge haben oft fünf Kameras, je eine vorne, hinten, an jeder Seite und auf dem Dach. Hinzu kommt eine Videokamera zur Überwachung des Fahrers. Je nach Autonomielevel darf dieser nämlich während der Fahrt beispielsweise nicht schlafen.
- Radarsensoren am Auto messen den Abstand zu anderen Verkehrsteilnehmern und Objekten. Low- und Highrange-Sensoren berechnen dabei die unterschiedlichen Entfernungen. Deshalb benötigt ein Auto mehrere davon – an verschiedenen Stellen. Heute sind vor allem schon die piepsenden Ultraschallsensoren als Einparkhilfen bekannt.
- Lidar-Sensoren (Light Detection and Ranging) auf dem Dach tasten die vorausliegende Strecke ab. Das optische Messsystem feuert für den Menschen unsichtbare Laserstrahlen ab und berechnet den Weg der von einem Hindernis reflektierten Rückstrahlen. Lidar-Sensoren verwenden zur Messung Laserstrahlen statt Radiowellen, wie beim Radar. Ihr Vorteil: die hohe Reichweite. Anders als Ultraschall „sehen" Lidar-Sensoren bis zu 200 Meter weit – und zwar auch nachts. Lidar-Sensoren ergänzen also Radarsensoren.
- Mit einem GPS-System wird das Auto genau geortet. Das System weiß immer, wo es sich gerade befindet – nicht nur auf welcher Straße, sondern auch auf welcher Spur. Das ist für abbiegende Fahrzeuge entscheidend. Für eine optimale Streckenführung sind außerdem bis auf zwei Zentimeter genaue Straßenkarten und ein schnelles Navigationssystem notwendig.

Die verschiedenen Systeme müssen allerdings nicht nur einzeln zuverlässig arbeiten, sondern auch gemeinsam. Ähnlich wie beim Flugzeug müssen sich die Systeme von autonomen Fahrzeugen zudem durch einen redundanten Aufbau vor einem Totalausfall schützen, die meisten Versuchsfahrzeuge haben deshalb zwei Kabelsätze integriert. So wird verhindert, dass das System ausfällt, wenn ein Kabel beschädigt ist.

Material 2

Autonome Autos: Wie weit sind wir?

Wie lange reden wir schon über selbstfahrende Autos, autonomes Fahren, Roboterfahrzeuge? Zur CES in Las Vegas gewinnt das Thema wieder einmal an Fahrt – metaphorisch. Denn in der Realität wird es noch dauern.

Autonome Autos haben ihren festen Platz in unseren Zukunftsvisionen. Abwegige Utopien sind sie längst nicht mehr. Doch die Unternehmung erfordert noch Geduld, auch wenn das Thema überall auf der Agenda steht. Die jüngsten Beispiele aus Forschung und Entwicklung: Toyota hat auf der Consumer Electronic Show (CES) in Las Vegas angekündigt, eine experimentelle Stadt der Zukunft in Japan bauen zu wollen, eine „Woven City", um Technologien wie das autonome Fahren verstärkt in realen Umgebungen zu testen.

Selbstfahrende Autos mit Technik von Bosch und Daimler sind bereits testweise in den USA unterwegs. Die beiden Unternehmen erproben dort seit Ende des vergangenen Jahres einen Mitfahrservice. Doch nicht nur Autobauer, auch Suchmaschinen-Konzerne wie Google, Mobilfunkunternehmen und diverse Start-ups tüfteln am autonomen Auto.

Der ADAC erwartet, dass erst nach 2040 in größerer Zahl Autos angeboten werden, die völlig autonom von Tür zu Tür fahren können, also auch auf Landstraßen keinen Fahrer mehr benötigen. Doch „können" bedeutet noch lange nicht „dürfen".

Wie weit ist Deutschland?

Technologisch hingegen ist die Industrie schon beim autonomen Fahren angekommen, Testfahrzeuge sind weltweit unterwegs. Dennoch befinden wir uns derzeit noch bei der Vorstufe zum autonomen Fahren. Seit 2017 ist jedoch in Deutschland das „hochautomatisierte Fahren" zugelassen, kurz HAF oder „pilotiertes Fahren". Dieser Schritt entspricht dem dritten Level auf dem Weg zum vollautomatisierten Auto.

Die Autoindustrie, konkret die Society of Automotive Engineers (kurz: SAE, deutsch „Verband der Automobilingenieure"), hat sich bei der Entwicklung des Autonomen Fahrens auf ein fünfstufiges System geeinigt. Jedes Level steht dabei für einen unterschiedlichen Automatisierungsgrad, also für den Umfang, in dem das Fahrzeug die Aufgaben des Fahrers übernehmen kann.

Die dritte Stufe bedeutet, dass das Auto die Fahrt schon fast komplett übernimmt, die Verantwortung aber beim Fahrer bleibt. Das heißt, er muss zu jeder Situation eingreifen können. Aber: Sobald der Fahrer seinen PKW in den hochautomatisierten Modus versetzt, darf er seine Aufmerksamkeit vom Straßenverkehr abwenden. Er könnte etwa Zeitung lesen oder sich den Kindern auf der Rückbank zuwenden. Das Fahrzeug ist ausreichend intelligent, Alltagssituationen allein zu bewältigen - Lenken, Bremsen und Warnungen bei kritischen Situationen inbegriffen. Dennoch ist das System so ausgelegt, dass der Fahrer den Systemwunsch jederzeit überstimmen kann. Level 3 ist insbesondere für den Einsatz auf Autobahnen vorgesehen.

Was passiert auf den Teststrecken?

In Deutschland gibt es bereits mehrere Testfelder für vernetzte und automatisierte Fahrzeuge. Entsprechende Systeme werden etwa auf dem Digitalen Testfeld Autobahn A9 in Bayern erforscht und entwickelt.

In Hamburg sieht ein Teststrecken-Projekt vor, Ampeln und eine Brücke so auszustatten, dass sie Informationen an Fahrzeuge senden können. Im Berliner Stadtverkehr wurde eine 3,6 Kilometer lange Strecke zwischen Brandenburger Tor und Ernst-Reuter-Platz mit Technik ausgerüstet.

Dort sollen künftig auch Testwagen unterwegs sein, die von Computern gefahren werden und in denen ein Mensch nur noch zur Kontrolle sitzt. In Niedersachsen entsteht derzeit ein Testfeld des Deutschen Zentrums für Luft- und Raumfahrt (DLR), auf dem automatisierte und vernetzte Fahrzeuge erprobt sowie Fahrverhalten und Verkehrsfluss erfasst und analysiert werden sollen.

Material 3

Autonomes Fahren

0	1	2	3	4	5
Voll dabei	Füße weg	Hände weg	Augen weg	Gehirn weg	Fahrer weg
Fahrer fährt selbst.	**Assistiertes Fahren**	**Teil-automatisiert**	**Hoch-automatisiert**	**Voll-automatisiert**	**Autonomes Fahren**
	Das Fahrzeug kann manche Aufgaben zeitweilig selbst ausführen – ganz ohne Eingriff eines Menschen, z. B. ein Tempomat oder Spurenregler.	Assistenzsysteme übernehmen Funktionen wie automatisches Einparken, Spurhalten, Abbremsen.	Fahrer muss System nicht dauernd überwachen, wird aber aufgefordert, wenn das notwendig ist. Auto führt selbstständig Funktionen aus, z. B. Blinken, Spurwechsel.	Auto fährt überwiegend selbstständig. Es gibt aber Ausnahmen, z. B. Beschränkung auf geografische Gebiete, Geschwindigkeiten oder Wetterbedingungen.	Fahrzeug fährt nach Eingabe des Ziels selbstständig, ohne Fahrer, Pedale, Lenkrad.

Material 4

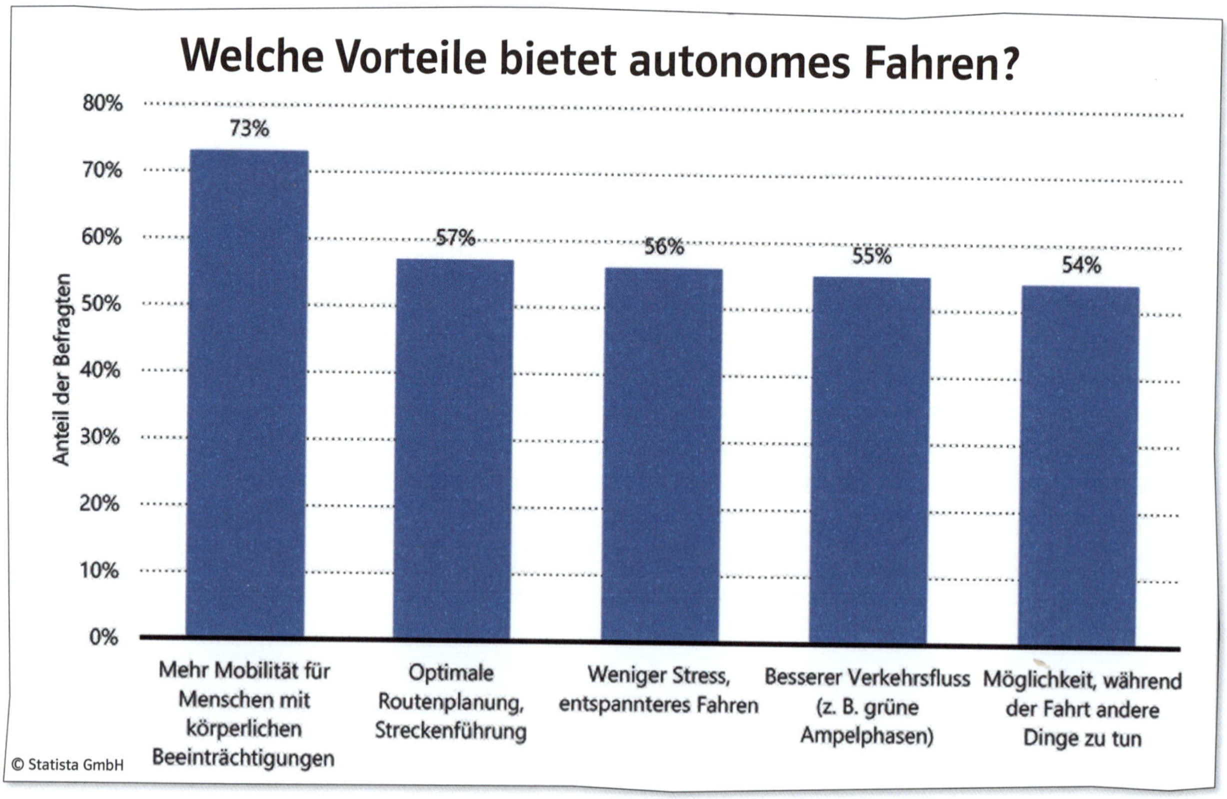

Material 5

Der Mensch im automatisierten Fahrzeug

Digitale Ethik im Alltag

Wir sitzen da, das Auto macht den Rest, der „fehlerhafte Mensch“ hinter dem Steuer ist abgeschafft – autonomes Fahren verspricht eine stressfreie Zeit im Automobil und weniger Unfälle. Doch wie soll sich ein „selbstdenkendes“ Fahrzeug im Fall eines Unfalls verhalten? Und wie kann digitale Ethik bei diesen Fragen helfen?

Stellen Sie sich vor, Sie würden in ein selbstfahrendes Fahrzeug einsteigen, das Sie bequem an Ihren Wunschort fährt. Danach würde es sich selbstständig einen Parkplatz suchen oder weitere Fahrer zum Transport einsammeln. Dank autonomer Fahrzeuge gäbe es keine überfüllten Städte, Parkplatzprobleme oder Staus mehr. Oder nicht?

Noch immer sterben viele Menschen bei Unfällen im Straßenverkehr, in Deutschland durchschnittlich neun Menschen am Tag. 2018 nahm die Polizei rund 2,6 Millionen Unfälle auf. In Deutschland starben 3.275 Menschen bei Unfällen im Straßenverkehr, knapp 100 mehr als noch 2017 (Quelle: Destatis).

Autonome Fahrzeuge schüren die Hoffnung, die Fehlerquelle „Mensch“ auszumerzen und so zum Beispiel tödliche Unfälle öfter vermeiden zu können. Jede neue Technologie birgt die Vorstellung davon, wie ein „besseres“ Leben aussehen könnte. Das autonome oder vollautomatisierte Fahren könnte zum Beispiel Teil der Lösung unserer Mobilitätsprobleme sein. Aber neue Technologien werfen auch Fragen auf.

- Welchen Weg sollte ein Auto nehmen, wenn es unvermeidlich zum Tod von Menschen kommt?
- Welche Leben dürfen dann geopfert werden?
- Wie kann die Privatsphäre geschützt werden, wenn Fahrzeuge alle Fahrtwege und Gespräche protokollieren?

Diesen und weiteren Fragen widmet sich die digitale Ethik. Sie möchte Wege aufzeigen, wie ein gutes Leben im digitalen Zeitalter gelingen kann.

Digitale Ethik und Mobilität

Um die Mobilität 4.0 und die Diskussion um autonomes Fahren verstehen zu können, ist es aus ethischer Perspektive von Bedeutung, die feinen Unterschiede zwischen dem sogenannten autonomen oder auch vollautomatisierten Fahren und den Vorstufen der teil-, bedingt- und hochautomatisierten Fahrzeuge zu verstehen.

Liegt die Kontrolle beim Menschen?

Es macht einen großen Unterschied, ob Sie als Fahrer noch in das Fahrgeschehen eingreifen können oder sogar müssen oder ob Sie nur Beifahrer und Zuschauer der eigenständigen Maschine sind. Hochautomatisierte Fahrzeuge belassen den Menschen ohne Zweifel in der Verantwortung, während sich bei „autonomen“, also vollautomatisierten Fahrzeugen ganz andere Verantwortungsverhältnisse ergeben.

Das moralische Dilemma

Wer entscheidet in Unfallsituationen über Leben und Tod anderer?

Vollautomatisierte Fahrzeuge könnten so programmiert werden, dass sie immer die höchstmögliche Anzahl an Leben schützen, aber ist das ethisch vertretbar? Welche Leben dürften dann geopfert werden?

Ein Beispiel für das moralische Dilemma
Ein Auto fährt auf der Bundesstraße durch ein Waldstück mit 100 km/h. Plötzlich betritt eine junge Mutter mit Kinderwagen die Fahrbahn. Der Bremsweg ist zu kurz und ohne Ausweichen wäre die Kollision unvermeidlich. Auf der Gegenfahrbahn kommt allerdings ein PKW entgegen und bei einem Frontalzusammenstoß würden höchstwahrscheinlich alle Insassen aus beiden Fahrzeugen getötet. Das Fahrzeug könnte nur nach links ausweichen. Höchstwahrscheinlich würde es dann gegen einen Baum prallen. Das Fahrzeug ist ein SUV mit nur einem Insassen. Welches Leben soll geschützt werden?
Das moralische Dilemma hat viel mediale Aufmerksamkeit erhalten, weil es in der Tat eine schwierige Frage ist. Es beschreibt Unfallszenarien, in denen alle möglichen Handlungsabläufe mit dem Tod von Menschenleben verbunden werden. Das heißt, der Tod von Personen wäre in jedem Fall unvermeidlich. Die Frage aus ethischer Perspektive lautet: Was wäre, wenn man eine vorhersehbare Situation beeinflussen könnte?

Schnelleres Denken erfordert Regeln
Ein vollautomatisiertes Fahrzeug könnte in Zukunft dank der hohen Rechenleistung und seiner zahlreichen Sensoren Situationen schneller erfassen, als es Menschen können. Das Fahrzeug erkennt Szenarien und muss dafür programmiert werden, dass es eine Entscheidung treffen kann.
Fahrzeuge treffen im Gegensatz zum Menschen keine spontanen und unbedachten Entscheidungen. Ein Programmierer muss darüber nachdenken, wie sich ein Fahrzeug in bestimmten Situationen verhalten soll.
- Wie soll man ein autonomes Fahrzeug für eine Dilemma-Situation vorprogrammieren?
- Dürfte man beispielsweise am Unfall unbeteiligte ältere Fußgänger opfern, um eine junge Mutter mit ihrem Kind zu retten, die unachtsam die Fahrbahn betreten hat?
- Hat der einzelne Programmierer das Recht, im Voraus über Leben und Tod und den Wert von unterschiedlichen Menschen zu entscheiden?
- Dürfen Unbeteiligte geopfert werden?
- Dürfen wir Maschinen oder dem Zufall die Entscheidung über den Tod überlassen? Und wer soll darüber entscheiden dürfen?

Aus ethischer Perspektive ist der Wert jedes einzelnen Menschen unantastbar: Fünf Menschenleben wiegen nicht das eine auf.

Lösungen: Die Regeln der Ethikkommission
Mit dem Problem des moralischen Dilemmas hat sich auch die Ethikkommission zum autonomen und vernetzten Fahren beschäftigt, die von der deutschen Bundesregierung berufen wurde. Der Bundesminister für Verkehr und digitale Infrastruktur brachte insgesamt 14 Wissenschaftler und Experten zusammen, die sich mit ethischen Fragen des automatisierten Fahrens beschäftigt haben. Das Ergebnis sind 20 ethische Regeln, die weltweit die ersten Leitlinien für Fahrcomputer darstellen.

Arbeitstechnik

Auswerten von Materialien

Wenn du die Materialien auswertest, notierst du zu den jeweiligen Informationen gleich, welche **Leitfrage** damit zusammenhängt und welche weiteren Fragen sich möglicherweise daraus ergeben. Du kannst
- im Text die **Informationen unterstreichen** und **am Rand** die **Leitfragen** und **weitere Fragen** notieren.
- in einer **Tabelle** stichpunktartig die Informationen notieren und in einer zweiten Spalte die Leitfragen und weiteren Fragen ergänzen.

6. Bei der genauen Beschäftigung mit den Texten musst du auch unbekannte Wörter und Begriffe klären. Überprüfe, ob dir unbekannte Wörter und Wendungen an anderer Stelle in einem der Materialien erklärt werden, oder schlage sie nach.

7. Um die Materialien genau auszuwerten, unterstreiche zuerst die Informationen, die für deinen Text wichtig sind. Übertrage sie dann in Stichpunkten in die Tabelle und ergänze in der zweiten Spalte die Leitfrage, die damit beantwortet werden kann. Auch weitere Fragen (und Antworten) kannst du hier notieren, falls sie sich ergeben.

Thematischer Aspekt	Information/Leitfrage
Definition „autonomes Fahren“	
Aktueller Entwicklungsstand	
Akzeptanz der Technik	
Ethische und moralische Probleme	

Arbeitstechnik

Nichtlineare Texte auswerten

In nichtlinearen Texten (z. B. Diagrammen) finden sich ebenfalls Informationen, die du für deinen Aufsatz verwenden kannst.

- Formuliere die **Prozentangaben mit verständlichen** Worten um:
  z. B. *drei Viertel aller Befragten, etwas mehr als die Hälfte, die Mehrheit …*
- Setze die Zahlen in Bezug zueinander: z. B. *genauso wichtig wie, etwas weniger als …*
- Überlege, **welche Informationen** du verwenden willst und **wo** du sie am besten in deinen Text einbaust.

8. Markiere jetzt die Informationen, die du übernehmen möchtest. Entscheide mithilfe der Tabelle, ob sie brauchbar sind oder nicht.

Aspekt	brauchbar	weniger brauchbar
Thematik	nachvollziehbar, für Allgemeinheit interessant	persönliche Meinung und Wahrnehmung
Aussagen	sachlich, nachvollziehbar	wertend, übertrieben
Nachvoll-ziehbarkeit der Aussagen	Belege für Aussagen: – Studien, Statistiken – überzeugende Beispiele – klare Darstellung der Zusammen-hänge	– Behauptungen werden nicht oder nur durch weitere Behauptungen belegt – keine Erklärungen – unbegründete Vermutungen – Zusammenhänge unklar
sprachliche Darstellung/Stil	– Erklärung von Fachbegriffen – klarer Aufbau des Textes – logische Zusammenhänge – sachlicher Stil – passende sprachliche Ebene	– kaum Fachbegriffe oder falsche und unverständliche Verwendung – keine klare Struktur des Textes – unsachliche, wertende Sprache

9. Erkläre die folgenden Fremdwörter bzw. Fachbegriffe mit eigenen Worten. Wenn du bei der genauen Bedeutung unsicher bist, nimm ein Fremdwörterlexikon zu Hilfe oder recherchiere im Internet. Arbeite auf einem Extrablatt.

autonom **redundant** **Ethik** **Dilemma**

10. Lege einen Schreibplan an und sortiere die gesammelten Informationen nach dem folgenden Muster. Ergänze bei Bedarf weitere Punkte.

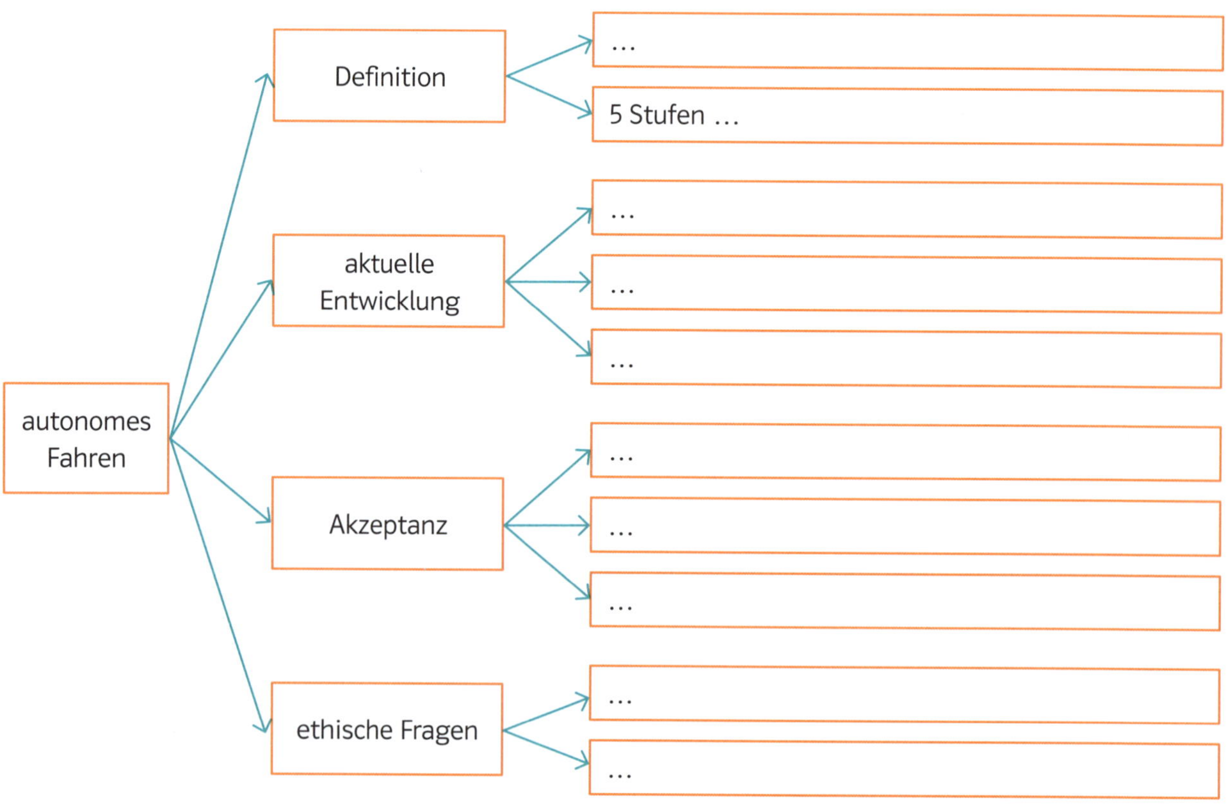

Sprachtipp

Den Inhalt von wichtigen Textpassagen wiedergeben

Um den Inhalt von wichtigen Textpassagen wiederzugeben, gibt es **verschiedene Techniken**. Meistens wirst du den Inhalt referieren, wörtliche Zitate sollten nur ganz gezielt verwendet werden.

Inhalte referieren
Hier gibst du die **wichtigen Aspekte mit eigenen Worten** wieder, ohne die Bedeutung zu verändern. Fremdwörter solltest du, soweit möglich, umschreiben oder durch Synonyme ersetzen. Wichtige Fachbegriffe sollten erklärt werden.

Indirekte Redewiedergabe
Aussagen werden hier ohne **Verwendung des Konjunktiv I** wiedergegeben. Nach Zitatverben (z. B. *meinen, behaupten, bezweifeln, ...*), Zitatnomen (z. B. *die Behauptung, dass*) oder Zitatpräpositionen (z. B. *nach, zufolge ...*) folgt die **Wiedergabe im Indikativ**.

Wörtliche Redewiedergabe
Wenn Begriffe oder Teile von Sätzen sehr wichtig oder interessant sind, können sie als **wörtliches Zitat** in den Text integriert werden. Dabei werden **Flexion** oder **Satzstruktur** an den Satz angepasst, in dem das Zitat steht. Änderungen und Einfügungen werden durch eckige Klammern angezeigt, die Originalstelle wird in runden Klammern angegeben

11. Gib die Inhalte aus den folgenden Textausschnitten in der angegebenen Form wieder.

Material 1, Z. 9–13: „Während der Begriff „Automobil" bereits die selbstständige Fortbewegung eines Vehikels ohne Ziehen oder Schieben durch Personen oder Tiere beschreibt, präzisiert das selbstfahrende Fahrzeug den Autonomiebegriff und führt ihn in eine neue Dimension. Autonome Fahrzeuge bewegen sich durch das Zusammenwirken von Mikroprozessorsystemen, Sensoren und Aktoren selbstständig zielgerichtet fort.

→ Inhalte referieren

Material 2, Z. 51–59: „Die dritte Stufe bedeutet, dass das Auto die Fahrt schon fast komplett übernimmt, die Verantwortung aber beim Fahrer bleibt. Das heißt, er muss zu jeder Situation eingreifen können. Aber: Sobald der Fahrer seinen PKW in den hochautomatisierten Modus versetzt, darf er seine Aufmerksamkeit vom Straßenverkehr abwenden. Er könnte etwa Zeitung lesen oder sich den Kindern auf der Rückbank zuwenden."

→ Inhalte referieren

In der dritten Stufe fährt das Auto schon fast allein, dennoch hat der Fahrer die volle Verantwortung und muss in jeder Situation eingreifen können. Erst im hochautomatisierten Modus darf er sich der Verantwortung entziehen.

Material 5, Z. 52–53: „Die Frage aus ethischer Perspektive lautet: Was wäre, wenn man eine vorhersehbare Situation beeinflussen könnte?"

→ *Inhalte referieren*

Aus der ethischen Perspektive stellt man sich nun die Frage: „…".

3.1.2 Jetzt bist du dran – einen materialgestützten informierenden Text schreiben

1. Schreibe jetzt deinen informierenden Text zum Thema „Autonomes Fahren". Beachte dabei die Tipps aus dem Basiswissen dieses Kapitels. Wenn du mehr Platz benötigst, verwende ein Extrablatt.

3.1.3 Zuletzt kommt der Feinschliff – einen materialgestützten informierenden Text überarbeiten

1. Überprüfe deinen Text mit der folgenden Checkliste.

Checkliste

Checkliste zum Überarbeiten eines materialgestützten informierenden Textes

	Ja	Nein
✔ Die ausgewählten Informationen stehen in Bezug zu den Aspekten des Themas.	☐	☐
✔ Die relevanten Informationen aus Grafiken oder Statistiken wurden so versprachlicht, dass sie verständlich sind.	☐	☐
✔ Der Text ist nach eigenen oder vorgegebenen Schwerpunkten aufgebaut.	☐	☐
✔ Der Text wurde nicht abgeschrieben, auch nicht in Teilen oder Teilsätzen.	☐	☐
✔ Die Informationen sind mit eigenen Worten formuliert oder wurden den Regeln entsprechend als Zitate gekennzeichnet.	☐	☐
✔ Der Text ist logisch aufgebaut, die Zusammenhänge sind durch Konjunktionen verdeutlicht.	☐	☐
✔ Fachbegriffe sind erklärt oder verständlich verwendet.	☐	☐
✔ Es wurde keine unsachliche oder wertende Sprache verwendet.	☐	☐
✔ Die Vorgaben der Aufgabenstellung (Anlass, Adressaten) sind berücksichtigt.	☐	☐
✔ Die Regeln zur Rechtschreibung und Grammatik sind eingehalten.	☐	☐

2. Überprüfe nun genauer, wo du nein angekreuzt hast. Überarbeite deinen Text. Nutze dazu auch die Musterlösung im Lösungsheft. Arbeite auf einem Extrablatt.

3.1.4 Endspurt auf der Zielgeraden – in Bestform für die Schulaufgabe

Wenn du den Schulaufgabentrainer bis hierhin durchgearbeitet hast, ist schon ein großer Schritt in Richtung gelungener Schulaufgabe getan. Die folgende Aufgabe bietet nun die Möglichkeit, das Gelernte abschließend zu üben. Diese Aufgabenstellung ist in einer Schulaufgabe denkbar.

Aufgabenstellung:
Im Rahmen des Safer Internet Day finden an deiner Schule auch Workshops zu aktuellen und zukünftigen Trends und Entwicklungen im Internet statt. Ein Workshop befasst sich mit der Verbreitung von Filterblasen und Fake News.
Als Redakteur/-in der Schülerzeitung möchtest du die Erkenntnisse aus diesem Workshop einem breiteren Publikum zugänglich machen und beschließt, einen informierenden Text für die Schülerzeitung zum Thema „Fake News" zu verfassen.
Verwende dazu die folgenden Materialien und dein eigenes Wissen. Inhaltliche Schwerpunkte in deinem Text sollten sein:
- Definition des Begriffs „Fake News"
- Hintergründe der Verbreitung bei Schülern und Jugendlichen
- Wege zur Kompetenzsteigerung, um Nachrichten kritisch bewerten zu können

Der Umfang des Textes soll ca. 450 Wörter betragen.

Material 1

Was sind Fake News?

Der Begriff „Fake News“ setzt sich aus zwei Begriffen zusammen. „Fake“ heißt „gefälscht“ und „News“ heißt „Nachrichten“. Es handelt sich dabei um bewusst unwahre Tatsachenbehauptung in der Erscheinungsform von Nachrichten, die aus politischen oder finanziellen Gründen verbreitet werden.

Formen von Fake News

Nach Ethan Zuckerman vom Massachusetts Institute of Technology (MIT) lassen sich Fake News wie folgt unterscheiden:

1. **Nachrichten, die einem bestimmten Thema übertriebene Aufmerksamkeit widmen:** Der falsche Eindruck wird erweckt, dass ein Thema relevanter ist, als es sein sollte. Nicht das Thema an sich, sondern die vermeintliche Relevanz ist „fake“. Eine unveröffentlichte Studie der Harvard Universität zeigt, wie die US-Medien überproportional häufig über Hillary Clintons vermeintlichen E-Mail-Skandal berichteten.
2. **Propaganda:** Ist klassischer Bestandteil von Politik und Wahlkämpfen und beschreibt das Vermischen von wahren und falschen Informationen, um die andere Seite zu schwächen und die eigene zu stärken.
3. **Gezielte Desinformation:** Dabei handelt es sich oft um absichtlich frei erfundene, als Nachrichten getarnte Geschichten. Die behaupten dann zum Beispiel, dass Angela Merkel bewusst den IS in Europa operieren lässt. Dies geschieht nicht immer aus politischen, sondern zum Teil einfach aus finanziellen Gründen. Fake News sollen Menschen beeindrucken, damit die Leser diese anklicken, liken und größtmöglich weiterleiten. Durch Werbeschaltung auf diesen Seiten wird Geld verdient und betrügerische Interessen, wie durch das sogenannte „phishing“ – also das Ausspähen persönlicher Daten und Passwörter – umgesetzt.

Einfluss von Fake News

Als Buzzfeed kurz nach der US-Wahl im November 2016 eine Studie präsentierte, die besagte, dass prominente Fake News-Beiträge häufiger auf Facebook geteilt wurden, als die Top-Beiträge der klassischen Massenmedien, fand dies große Beachtung. Einige Kommentatoren waren überzeugt, dass Fake News zur Wahl Donald Trumps beigetragen haben könnten. Erste wissenschaftliche Studien hingegen zeichnen ein anderes Bild. Eine gemeinsame Studie der Harvard University und des MIT, in der über 1,2 Millionen Artikel von über 25 000 Internetseiten untersucht wurden, zeigt etwa, dass Fake News-Seiten nur eine sekundäre Rolle im Online-Diskurs zur US-Wahl gespielt haben.

Material 2

Digitale Analphabeten

Warum Schüler in Deutschland auf Fake News hereinfallen

Deutsche Schüler verbringen viel Freizeit am Smartphone oder am Laptop, doch ihre Medienkompetenz ist nur gering. Das belegen Studien. Viele Jugendliche können Fakten nicht von Falschmeldungen im Netz unterscheiden. Experten fordern deshalb ein Pflichtfach Medienkunde in der Schule. Und nicht nur das.

Von Manfred Götzke

Projektstunde am Manfred-von-Ardenne Gymnasium in Berlin Lichtenberg. Lehrerin Beate Schönefeld hat sich zu ihren Schülern hinten in den Klassenraum gesetzt – am Lehrerpult sitzt heute der Radio-Journalist Timo Stukenberg.

Er will die 14- bis 15-jährigen Schülerinnen und Schüler an diesem Januarmorgen für die kritische Auseinandersetzung mit Meldungen aus dem Netz sensibilisieren. Sie sollen lernen, Fakten von Fake News zu unterscheiden.
„Ich zeige euch jetzt drei Beispiele für Nachrichten – da ist die Whopper-Zahnpasta von Burger King …“: Stukenberg zeigt den Schülern eine Meldung über eine neue Zahnpasta mit Burger-Geschmack.
Richtig oder falsch? Gar nicht so wenige Schüler glauben an die ungewöhnliche Geschmacksrichtung. Die Mehrheit ist sich aber einig: Fake.

Wie man Falschnachrichten im Netz erkennt

„Okay, nächstes Beispiel“, sagt Stukenberg. „Es gibt für geflüchtete Menschen 700 Euro Weihnachtsgeld.“
Eine Falschmeldung, die 2018 in rechten Kreisen kursierte – und viel geteilt wurde. Auch hier im Klassenzimmer sind die meisten Schülerinnen und Schüler sicher: Dieser Artikel ist wahr.

Kaum Medienkunde in der Schule

Das Ziel: Schüler sollen lernen, Desinformation, verzerrte Fakten, Fake News als solche zu erkennen. Kritisch hinterfragen, was sie bei Instagram, TikTok, YouTube und Co. zu sehen bekommen. Sie sollen an diesem Vormittag zu „lie-detectors“ – also Lügendetektoren – ausgebildet werden. 90 Minuten lang arbeitet Stukenberg heute mit den Schülerinnen und Schülern zusammen. Es dürften die einzigen 90 Minuten Medienunterricht in diesem Schuljahr bleiben – auch für die Lehrerin sind viele Informationen ziemlich neu.
„Wie man genau Fake News recherchieren kann, das war mir neu. Ich hab da immer nach Gefühl entschieden und meine Tageszeitung gehabt. Aber wie man das im Internet rausbekommt, habe ich hier vertiefend gelernt.“
Medienkunde spielt in Deutschlands Schulen kaum eine Rolle. Zwar hat die Kultusministerkonferenz schon vor drei Jahren eine Strategie zur „Bildung in der digitalen Welt“ beschlossen.

Partizipation durch digitale Kompetenz

Und in fast allen Klassen könnten die Schüler nicht zwischen Plattformen wie Instagram und Facebook, auf denen Medienhalte verbreitet werden – und den Quellen, von denen sie stammen, unterscheiden. Die wenigsten haben darüber nachgedacht, warum, von wem und mit welchem Ziel Fake News verbreitet werden.

Material 3

Wie sicher oder unsicher sind Sie, dass Sie Fake News in den sozialen Medien erkennen können?

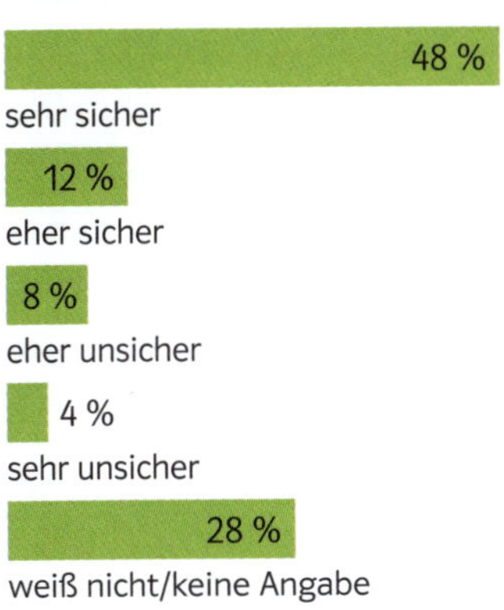

Wenn jemand etwas Beleidigendes oder Falsches in den sozialen Medien postet, weiß ich nicht, wie ich reagieren soll.

Wie oft ungefähr stoßen Sie in den sozialen Medien auf Nachrichten oder Informationen, bei denen Sie das Gefühl haben, dass sie die Realität falsch darstellen oder eindeutig falsch sind?

Material 4

Informationskompetenz und Quellenkritik als Kernkompetenzen

Ein kritischer Umgang mit Informationen ist heute wesentlich und die Informationskompetenz eine Kernkompetenz im zunehmend auch digitalen Schulalltag. Wie können Eltern und Lehrende die Informationskompetenz von Kindern und Jugendlichen fördern? Eltern, Lehrerinnen und Lehrer sollten Kinder und Jugendliche dabei unterstützen, ein kritisches Bewusstsein gegenüber Informationen aus dem Web zu entwickeln. So kann es hilfreich sein, mit Heranwachsenden zu klären, warum sie bisher auf bestimmte Links geklickt haben. Sie sollten verstehen, dass automatisierte oder als Erstes angezeigte Ergebnisse nicht unbedingt die besten sind.

Vier Schritte zum Einschätzen einer Quelle

Das Internet bietet bisher nie gekannte Möglichkeiten zur Informationsbeschaffung. Die Fähigkeit, Informationen bedarfsgerecht zu recherchieren und korrekt einzuschätzen, ist angesichts der Masse und der neuen Qualität an Falschmeldungen kein leichtes Unterfangen. Mit wenigen Schritten können Kinder und Jugendliche, aber auch Erwachsene, die Seriosität eines Inhalts besser einschätzen:

1. Quelle	
Überprüfen, wer hinter dem Inhalt einer Quelle steckt.	Ein Blick auf die Autorin/den Autor oder ins Impressum einer Website zeigt, wer hinter dem Inhalt steht (Parteilichkeit, Kompetenz, Intention). Fehlt eine Adresse oder ist ein Postfach im Ausland angegeben, sollte das kritisch hinterfragt werden.
2. Fakten	
Stimmt das, was behauptet wird? Nicht alles ist wahr!	Wird das Thema auf anderen Seiten ähnlich aufgearbeitet oder erscheint es sogar exakt im gleichen Wortlaut? Kopierte Inhalte deuten auf unseriöses Copy- und Paste-Verhalten hin. Texte, die verkürzt nur auf Schlagzeilen beruhen, wenig Inhalt und viel Meinung präsentieren, sollten mit Vorsicht genossen werden.
3. Bilder	
Überprüfen, ob das verwendete Bild wirklich zum Text gehört oder bearbeitet ist.	Bei Falschmeldungen werden oft Bilder aus anderen Kontexten verwendet. Eine Rückwärts-Bildersuche kann helfen, das Original zu finden.
4. Aktualität	
Aus welcher Zeit stammen die Informationen?	In Suchmaschinen hilft ein voreingestellter Filter, der den Zeitraum der Ergebnisse einschränkt, die neuesten Informationen zu einem Thema zu finden.